VIVRE PAR LA FOI

DEREK PRINCE

"A ceux qui ont reçu en partage une foi du même prix que la nôtre, par la justice de notre Dieu et Sauveur Jésus-Christ."

2 Pierre 1:1

ISBN 978-1-78263-125-5

Traduit par Florence Boyer.

Sauf autre indication, les citations bibliques de cette publication sont
tirées de la traduction Louis Segond "Nouvelle Edition".

Publié par Derek Prince Ministries France, année 2001.
Dépôt légal: 1e trimestre 2001.
Deuxième impression avril 2014.

Couverture faite Damien Baslé www.damienbasle.com

Imprimé en France

Pour tout renseignement:
DEREK PRINCE MINISTRIES FRANCE
9, Route d'Oupia, B.P.31, 34210 Olonzac FRANCE
tél. (33) 04 68 91 38 72 fax (33) 04 68 91 38 63
E-mail info@derekprince.fr * www.derekprince.fr

CHAPITRE 1

LA FOI OPPOSÉE À LA VUE

La foi!

Qui peut vraiment mesurer ou exprimer le potentiel que représente ce mot court et simple qu'est la foi?

La façon la plus claire de mettre en lumière son potentiel est de comparer deux affirmations de Jésus qui sont: "A Dieu tout est possible" (Matthieu 19:26) et "Tout est possible à celui qui croit" (Marc 9:23).

Dans ces deux affirmations, nous trouvons l'expression "tout est possible". Dans le premier passage, elle s'applique à Dieu; dans le second, à ceux qui croient. Il n'est probablement pas très difficile d'accepter que tout est possible à Dieu. Pouvons-nous consentir de la même manière que tout est possible à celui qui croit? C'est pourtant ce que Jésus nous dit.

Concrètement, qu'est-ce que cela signifie? Cela veut dire que, par la foi, les choses possibles pour Dieu deviennent également possibles pour ceux qui croient. La foi est le canal par lequel Dieu nous donne cette possibilité. Par la foi, tout ce qui est possible à Dieu le devient également pour nous. Il n'est pas étonnant que, tout au long de la Bible, cette importance suprême de la foi soit sans cesse soulignée.

Problèmes de traduction

Avant d'aller plus loin dans notre étude de la foi, il serait utile d'éclaircir un malentendu linguistique occasionnant souvent des difficultés pour ceux qui approchent le Nouveau Testament par une traduction anglaise. En anglais (c'est la même chose en français, n.d.t.), nous avons deux mots différents: un substantif, la foi, et un verbe, croire. Par leur origine ou leur forme, il n'y a pas de relation évidente entre ces deux termes. La conséquence est que les prédicateurs essaient parfois de faire une différence entre "croire" et "avoir la foi". Il n'y a cependant aucun fondement à cette distinction dans le grec original du Nouveau Testament.

En grec, le mot pour "foi" est "pistis", et le mot pour "croire" est "pisteuo". Le verbe est formé directement à partir du nom, ce qui donne "foi", "pistis"; "je crois", "pisteuo". La racine de chacun de ces mots est faite à partir des quatre mêmes lettres: "pist". Dans la Bible, croire, c'est exercer la foi. Inversement, exercer la foi, c'est croire.

Lorsque nous regardons les mots exprimant le contraire de la foi, nous trouvons encore une fois une différence entre l'anglais (et le français, n.d.t.) et le grec. En français, le contraire de "foi" est "incrédulité". Nous n'avons pas de mot comme "infoi". Par contre, en grec, il existe une relation directe entre la foi et son contraire. La foi, c'est "pistis", et l'incrédulité, c'est "apistia" (en grec, les préfixes négatifs "a" correspondent aux préfixes français "in"). La racine comporte les quatre mêmes lettres "pist" présentes dans les mots grecs "foi", "pistis", et "incrédulité", "apistia".

Nous avons également, en rapport avec l'adjectif "pistos", "fidèle", "croyant". A partir de là, le préfixe privatif "a" nous donne l'adjectif contraire "apistos", "infidèle", "incroyant".

Dans un souci de clarté, nous mettrons ces cinq mots côte à côte dans deux colonnes parallèles:

	grec	*français*
Substantif:	pistis	foi
Substantif:	apistia	incrédulité
Adjectif:	pistos	fidèle, croyant
Adjectif:	apistos	infidèle, incroyant
Verbe:	pisteuo	Je crois

Nous voyons que tous les mots grecs sont visiblement liés par la forme de leur racine "pist", commune aux cinq mots. En tout, ils apparaissent au moins six cents fois dans le texte grec original du Nouveau Testament. Sur ce seul principe, il est clair que ces mots représentent un thème central à toute la révélation de la Bible.

Définition de la foi

Hébreux 11 traite exclusivement du thème de la foi. Son premier verset nous en donne une définition telle qu'elle est utilisée dans la Bible: "Or la foi est une ferme substance des choses qu'on espère, une démonstration de celles qu'on ne voit pas." (Substance est une alternative donnée dans la marge pour "assurance" et exprime mieux la signification littérale.)

Ce verset nous dit deux choses principales sur la foi. D'abord que "la foi est la substance des choses qu'on espère". Elle est si réelle qu'elle est, en fait, appelée "substance". Le mot grec est "hupostasis". Cela signifie littéralement "ce qui se trouve en dessous" ou "qui donne les bases pour" quelque chose d'autre.

C'est le même mot "hupostasis" qui est employé dans Hébreux 1:3 dans lequel il nous est dit que Jésus est "le reflet de sa personne". Le mot traduit par "reflet" est "hupostasis". Cela signifie que Dieu le Père est la réalité éternelle, invisible, fondamentale dont Jésus-Christ le Fils est l'expression visible. En appliquant cela à Hébreux 11:1, nous pourrions dire que la foi est la réalité fondamentale des choses qu'on espère. La foi est réelle; la foi est une substance.

Ensuite, la foi est la conviction des choses qu'on ne voit pas. D'autres traductions disent "la démonstration des choses qu'on ne voit pas". Quelle que soit la version que nous choisissons, ce qui est important, c'est que la foi a trait à des choses que nous ne pouvons pas voir. La foi se rapporte à l'invisible.

Deux versets plus loin, l'auteur souligne de nouveau la relation de la foi à l'invisible: "C'est par la foi que nous reconnaissons que le monde a été formé par la parole de Dieu, en sorte que ce qu'on voit n'a pas été fait de choses visibles." (Hébreux 11:3)

L'auteur montre ici le contraste entre "ce qu'on voit" et ce qui n'a pas été fait de choses visibles, entre le visible et l'invisible. Nos sens nous relient au monde visible, à ce qui se voit. La foi nous entraîne au-delà du visible, vers l'invisible, vers la réalité fondamentale par laquelle tout l'univers a été créé, c'est-à-dire par la parole de Dieu.

La foi se rapporte donc à deux réalités éternelles et invisibles qui sont Dieu lui-même et sa Parole. La foi biblique n'a que ces deux objets. Dans le langage courant, nous parlons bien sûr de la foi dans d'autres contextes; nous pouvons parler de la foi en un journal, en un médicament ou en un dirigeant politique. Mais elle n'est pas utilisée dans ce sens dans la Bible. Elle est uniquement et exclusivement liée à deux choses que nous ne pouvons pas voir avec nos yeux naturels, c'est-à-dire à Dieu et à sa Parole.

Par la foi, et non par la vue

Paul énonce l'opposition entre la foi et la vue dans 2 Corinthiens 5:7: "Car nous marchons par la foi et non par la vue." Si nous marchons par la vue, nous n'avons pas besoin de la foi; si nous marchons par la foi, nous n'avons pas besoin de la vue. L'un exclut l'autre.

Cela est contraire à notre façon naturelle de penser. Le monde dit que "voir, c'est croire". La Bible inverse cet ordre par le fait que nous devons d'abord croire, et ensuite nous verrons. Ce principe est si important que nous allons examiner quelques passages des Ecritures qui l'illustrent. Dans le Psaume 27:13, David dit: "Oh! si je n'étais pas sûr de voir la bonté de l'Eternel sur la terre des vivants!" Qu'est-ce qui vient en premier? Est-ce le fait de croire ou celui de voir? C'est le fait de croire. Ce qui était vrai pour David l'est aussi pour chacun d'entre nous. Si nous ne pouvons pas croire que nous verrons la bonté de l'Eternel, nous allons perdre espoir. Ce qui nous permet de ne pas désespérer, ce n'est pas ce que nous voyons, mais ce que nous croyons.

Cela corrobore l'affirmation faite sur Moïse dans Hébreux 11:27: "C'est par la foi qu'il quitta l'Egypte, sans être effrayé de la colère du roi; car il se montra ferme, comme voyant celui qui est invisible." Rien de ce que Moïse pouvait voir à cette période ne pouvait lui donner espoir ou l'encourager. Malgré tout ce qui était contre lui, il a "supporté", car il pouvait voir l'invisible. Comment faisait-il? Il le pratiquait par la foi. Cette dernière nous rend capables de voir l'invisible et de supporter ainsi des situations là où le monde visible ne nous offre ni espoir ni encouragement.

Tournons-nous de nouveau vers le récit de Jésus ressuscitant Lazare d'entre les morts dans Jean 11:39-40: "Jésus dit: Otez la pierre. Marthe, la sœur du mort, lui dit: Seigneur, il sent déjà, car il y a quatre jours qu'il est là. Jésus lui dit: Ne t'ai-je pas dit que si tu crois, tu verras la gloire de Dieu?"

Ce que Jésus demande à Marthe, il le requiert de tous ceux qui désirent voir la gloire de Dieu. Nous devons "croire que nous verrons". Nous ne voyons pas pour croire ensuite; nous croyons d'abord, puis, en conséquence de la foi, nous voyons. La foi vient avant la vue.

Voici donc le conflit premier entre la vieille nature et la nouvelle. La vieille nature demande à voir, puisqu'elle dépend des sens. Dieu doit nous délivrer de cette vieille nature et de cet ancien mode de vie et nous amener à une nouvelle nature et à un nouveau mode de vie qui nous fait dire: "Je me contente de ne pas voir. Je ne marche pas par la vue, mais par la foi."

Dans 2 Corinthiens 4:17-18, nous sommes aussi confrontés au contraste existant entre le visible et l'invisible: "Car nos légères afflictions du moment produisent pour nous, au-delà de toute mesure, un poids éternel de gloire, parce que nous regardons non point aux choses visibles, mais à celles qui sont invisibles; car les choses visibles sont passagères, et les invisibles sont éternelles."

Le langage de Paul contient ici un paradoxe délibéré. Il parle de regarder aux choses invisibles. Comment est-ce possible? Il n'y a qu'une façon de le faire, et c'est par la foi!

La locution "parce que" a une grande importance: "... parce que nous regardons non point aux choses visibles, mais à celles qui sont invisibles." Cela fait ressortir le même enseignement que Moïse a tiré de son épreuve. Dans le plan de Dieu, l'affliction est utile pour le chrétien. Elle forme, fortifie nos caractères et nous prépare pour la gloire éternelle à venir. L'affliction ne nous est profitable que si nous gardons les yeux fixés sur le royaume invisible. Si nous le perdons de vue et que nous nous préoccupons du monde, du temps et des sens, nous ne pouvons plus recevoir les bienfaits que l'affliction est sensée produire en nous.

Nous sommes donc pris entre deux mondes, le monde temporel et le monde éternel. Le monde temporel est celui que nous pouvons voir; nous l'appréhendons par nos sens. Le monde éternel est celui que Dieu veut en nous; nous ne pouvons y être à l'aise que d'une seule façon: par la foi. La foi est la seule chose qui nous relie aux réalités invisibles de Dieu et de son monde.

Résumé

La foi nous élève au-dessus du domaine de notre propre capacité et nous donne accès aux possibilités de Dieu.

Elle nous relie aux réalités invisibles: celles de Dieu et de sa Parole. Si nous gardons la communion avec Dieu par la foi, nous pouvons supporter et passer les épreuves et les tribulations auxquelles nous sommes confrontés dans notre vie quotidienne. Elles deviennent à leur tour un moyen pour Dieu de révéler sa bonté et sa gloire.

Il existe un conflit permanent entre la foi et la vue. Notre vieille nature est à l'aise dans le monde des sens et demande à voir. En tant que chrétiens, nous devons cultiver la nouvelle nature destinée à faire confiance à Dieu et à sa Parole sans demander aucune autre preuve.

* * * * * * *

CHAPITRE 2

LA FOI OPPOSÉE À L'ESPÉRANCE

Dans le premier chapitre, nous avons vu la différence entre la foi et la vue, entre voir et croire. Dans celui qui suit, nous allons examiner la différence entre la foi et l'espérance. Là se trouve l'une des plus grandes sources d'incompréhension entre les chrétiens d'aujourd'hui. Nombreux sont ceux qui sont déçus et frustrés dans la prière, parce qu'ils ne reçoivent pas ce qu'ils pensent qu'ils devraient recevoir. C'est souvent parce qu'ils prient avec espérance et non avec foi. Les résultats promis par Dieu pour la foi ne sont pas obtenus par l'espérance.

Quelle est la différence? Comment pouvons-nous discerner la foi de l'espérance?

La foi est dans le cœur

La première grande différence, c'est que la foi est dans le cœur, tandis que l'espérance est dans l'esprit. Dans Romains 10:10, Paul dit: "Car c'est en croyant du cœur qu'on parvient à la justice." La véritable foi biblique trouve son origine dans le cœur. Elle est exprimée par le verbe "croire" et est suivie par la préposition "à", qui indique le résultat produit "à la justice". "A" implique un déplacement ou une transition. La foi n'est jamais statique; elle s'exprime toujours par le mouvement, le changement, l'activité. Une personne qui croit réellement sera transformée par sa croyance.

D'un autre côté, une personne acceptant simplement avec son intelligence peut demeurer inchangée. L'acceptation mentale de la vérité n'est pas la foi. Pour produire celle-ci, la vérité doit pénétrer au-delà de la conscience dans le centre interne et la source de vie qu'on appelle le cœur. La vérité reçue intellectuellement par l'esprit peut être stérile et inefficace, mais la vérité reçue par la foi dans le cœur est toujours dynamique et source de changement de vie.

Dans le Proverbe 4:23, Salomon nous avertit: "Garde ton cœur plus que toute autre chose, car de lui viennent les sources de la vie." Tout ce qui, finalement, décide du cours de notre vie vient du cœur. La véritable foi biblique vient de là et détermine notre façon de vivre. Ce n'est pas simplement un concept intellectuel entretenu par l'esprit, mais c'est une force réelle et active à l'œuvre dans le cœur.

Dieu ne laisse cependant pas notre intelligence sans y pourvoir. La foi agissante dans le cœur produit l'espérance dans l'esprit. Cela suit la définition de la foi que nous avons examinée plus haut dans Hébreux 11:1: "La foi est la substance des choses qu'on espère." La foi du cœur est la substance, la réalité tangible, ce qui produit un solide fondement biblique à l'espérance que nous nourrissons dans notre esprit.

Dans 1 Thessaloniciens 5:8, Paul mentionne les différents domaines de notre personnalité affectés respectivement par l'espérance et la foi: "Mais nous, qui sommes du jour, soyons sobres, ayant revêtu la cuirasse de la foi et de la charité, et ayant pour casque l'espérance du salut." La foi et l'amour sont la cuirasse protégeant le cœur. L'espérance est le casque protégeant la tête ou l'esprit.

En faisant la différence entre l'espérance et la foi, nous ne voulons pas minimiser l'espérance. Elle est, au sens biblique du terme, l'attente confiante du bien, un optimisme stable et permanent. C'est ce qui protège notre esprit. Chaque chrétien devrait porter le casque de l'espérance vingt-quatre heures sur vingt-quatre. Si nous l'enlevons et que nous commençons à cultiver des pensées négatives et de sombres pressentiments, notre esprit devient vulnérable aux subtiles attaques de Satan.

Un tel optimisme n'est ni fantasque ni irréaliste; ce n'est pas non plus prendre ses désirs pour des réalités. Il doit se fonder fermement et exclusivement sur les affirmations et les promesses de la Bible. Il nous est par exemple dit, dans Romains 8:28: "Nous savons, du reste, que toutes choses concourent au bien de ceux qui aiment Dieu, de ceux qui sont appelés selon son dessein." Si Dieu fait concourir toutes choses pour notre bien, y a-t-il de la place pour autre chose que de l'optimisme?

Cependant, en appliquant ce verset à nos vies, nous allons d'abord devoir vérifier que nous remplissons bien les conditions que cela implique. Aimons-nous vraiment Dieu? Cherchons-nous à accomplir sa volonté dans nos vies? S'il en est ainsi, Dieu fera concourir toutes choses (chaque situation, chaque événement) pour notre bien. Cela ne peut logiquement conduire qu'à un seul état d'esprit possible, qui est l'optimisme. Vu sous cet angle, un chrétien se laissant aller au pessimisme est en fait en train de renier sa foi.

Cet exemple confirme ce que nous avons déjà dit: la foi est le seul fondement solide pour l'espérance. Nous devons d'abord croire réellement ce que Romains 8:28 nous dit (que toutes choses concourent à notre bien). Si nous le croyons, nous sommes remplis d'espérance; si nous ne le croyons pas, alors notre espérance n'a pas de fondement solide.

La conséquence de ce que nous venons de dire, c'est qu'il existe deux formes d'espérance extérieurement similaires, mais différentes par un aspect crucial. La première forme d'espérance, fondée sur la foi véritable du cœur, est donc valable. Son attente sera, en temps voulu, récompensée. La seconde forme d'espérance n'est que dans l'esprit et n'a aucun fondement de foi véritable venant du cœur; elle n'a donc pas de validité biblique et conduit presque toujours à la déception. Bien que nous ayons appris à distinguer entre ces deux formes d'espérance, nous courons toujours le risque d'entretenir celles qui ne s'accompliront pas.

La foi se situe dans le présent

La seconde grande différence importante entre la foi et l'espérance, c'est que la foi se situe dans le présent tandis que l'espérance se situe dans le futur. La foi est une substance, quelque chose qui est déjà là; l'espérance est une attente, quelque chose qui se projette nécessairement dans l'avenir.

Je ne peux calculer le nombre de personnes, durant mes années de ministère, qui sont venues vers moi et m'ont dit: "J'ai une grande foi; priez pour moi." Je me souviens d'un homme qui m'a affirmé: "J'ai toute la foi du monde." Je me suis dit, amusé, que c'était plutôt injuste, car il ne nous en restait plus! Sérieusement, lorsque j'entends les gens dire: "J'ai une grande foi", mon cœur se brise, parce que mon expérience me montre qu'ils n'auront pas ce qu'ils réclament par la foi. Ils sont peut-être tout à fait sincères, mais leurs désirs ne seront pas comblés, parce qu'ils ont confondu la foi avec l'espérance.

C'est très facile car, comme nous l'avons déjà dit, l'espérance est du domaine de l'esprit tandis que la foi appartient à celui du cœur. Nous connaissons généralement bien ce qui se trouve dans notre esprit, mais il est plus difficile de savoir ce qui est dans notre cœur. Nous avons une forte attente dans notre esprit et nous l'appelons à tort foi, alors que c'est de l'espérance. Manquant du fondement nécessaire à la foi, nous ne voyons pas les résultats escomptés.

Il y a une qualité imprévisible de la foi reflétant la nature imprévue du cœur humain. Parfois, j'ai senti que j'avais une grande foi, mais il ne s'est rien passé. D'autres fois, je n'ai pas senti la foi, et pourtant j'ai été agréablement surpris de ce que Dieu avait fait. La foi que je peux sentir est généralement mentale; c'est un substitut à la véritable foi du cœur. D'un autre côté, il peut sortir de mon cœur une foi véritable et efficace dont je ne connaissais pas la présence et dont les résultats m'étonnent.

Nombreuses sont les personnes disant: "Je crois que Dieu va me guérir", et voulant en fait dire: "J'espère qu'il va me guérir demain". Ce n'est pas cela, la foi, car celle-ci n'est pas pour demain; elle est quelque chose que nous avons maintenant. Si nous dirigeons notre attente vers l'avenir, nous substituons l'espérance à la foi.

Il y a quelques années, lorsque j'étais étudiant à Cambridge, l'université m'a donné une subvention pour aller à Athènes pour mes études de grec ancien. Je me suis rapidement désintéressé des statues et des monuments de la Grèce et me suis davantage intéressé aux gens qui vivaient en Grèce à cette époque. Un ami de l'université voyageait avec moi et, chaque matin, lorsque nous sortions de l'hôtel, un groupe de cireurs de chaussures attendait, bien décidé à faire son travail sur nous. Si vous n'avez jamais voyagé dans un pays méditerranéen, vous n'avez aucune idée de la détermination de ces cireurs de chaussures. Ils n'acceptaient pas le refus. Les deux ou trois premiers jours, lorsque nous nous aventurions hors de l'hôtel, nous avons essayé de dire "ochi" (cela signifie "non" en grec) en faisant un signe négatif de la tête et en les dédaignant. Mais cela ne fonctionnait pas; ils ciraient quand même nos chaussures.

Vers le quatrième jour, mon ami a essayé une nouvelle tactique. La fois suivante, en sortant de l'hôtel, les jeunes se sont approchés de nous pour cirer nos chaussures, comme à l'accoutumée. Et cette fois-là, mon ami les a carrément regardé en face et leur a dit: "Avrio". Ils ont hésité un moment et nous avons pu passer. Savez-vous ce que signifie ce mot? Il veut dire "demain".

Des années plus tard, après que je suis devenu chrétien, je me suis rappelé cette anecdote. Elle illustrait de façon si concrète la manière dont le diable nous trompe, nous, chrétiens. Lorsque nous désirons notre guérison ou que nous prions pour le salut d'un bien-aimé, le diable ne dit pas carrément que nous n'allons pas obtenir ce que nous voulons. Il ne dit pas: "Tu ne seras pas guéri" ou "Ton bien-aimé ne sera pas guéri". S'il le faisait, nous ne l'écouterions pas. Au lieu de cela, il dit: "Oui, tu vas obtenir ce que tu cherches, mais pas aujourd'hui, demain!" Ainsi, nous n'arrivons jamais au moment où nous appréhendons positivement la chose. Nous acceptons le "demain" du diable, alors que nous n'accepterions pas son refus. Nous avons l'espérance, mais pas la foi.

Dieu ne diffère pas à demain, il dit: "Voici maintenant **le temps favorable**, voici maintenant **le jour du salut**." (2 Corinthiens 6:2) Dieu vit dans un éternel présent. Il ne s'est jamais révélé comme "J'étais" ou "Je serai", mais comme "Je suis". Quand la foi entre en contact avec Dieu, c'est toujours dans le présent.

Lorsque nous appliquons ce principe à nos requêtes envers Dieu, cela révolutionne cet aspect de notre vie de prière. Dans Marc 11:24, Jésus nous dit: "Tout ce que vous demanderez en priant, croyez que vous l'avez reçu, et vous le verrez s'accomplir." Quand Jésus nous dit-il de recevoir ce pour quoi nous prions? Est-ce à un certain moment indéterminé dans le futur? Non, c'est au moment même où nous prions. Nous "demandons" et, au même moment, nous "recevons". Ensuite, nous savons que les choses que nous avons demandées nous seront accordées. Accorder demeure dans l'avenir, tandis que "recevoir" par la foi a lieu lorsque nous prions. En ayant reçu à l'instant même par la foi, nous savons qu'en temps voulu, les choses que nous avons reçues au moment de la prière nous seront réellement accordées. La foi pour recevoir se situe dans le présent; la manifestation de ce que nous recevons se situe dans l'avenir. Sans la foi présente, il n'y a pas d'assurance de la manifestation future.

Dans Hébreux 4:3, l'auteur met l'acte de foi encore avant dans le temps, en utilisant le passé composé: "Pour nous qui avons cru, nous entrons dans le repos." Croire est considéré ici comme quelque chose de déjà accompli et qui n'a pas besoin d'être répété. En ayant cru de cette façon, nous "entrons dans le repos". Il n'y a plus ni lutte ni d'anxiété. Nous savons que ce que nous avons reçu par la foi sera en fin de compte manifesté concrètement. Recevoir est notre responsabilité et la manifestation est l'affaire de Dieu.

Résumé

La foi et l'espérance sont étroitement liées, bien qu'il y ait deux différences importantes entre elles. D'abord, la foi jaillit du cœur, tandis que l'espérance est entretenue dans l'esprit. Ensuite, la fois se situe dans le présent, alors que l'espérance est tournée vers l'avenir; elle est une attente des choses à venir.

Les espérances fondées sur la foi véritable du cœur ne seront pas déçues. Sans ce fondement, nous ne pouvons être certains que nos désirs s'accompliront.

L'espérance est la protection que Dieu a prévue pour nos esprits, mais ce n'est pas par elle que nous obtiendrons les résultats que Dieu a promis pour la foi. La clé pour parvenir à ce que nous demandons à Dieu est de nous les approprier par la foi au moment où nous les demandons. En faisant cela, nous sommes libérés de la lutte et de l'anxiété, ce qui nous conduit au repos intérieur.

* * * * * * *

CHAPITRE 3

LA FOI EN TANT QUE DON

La foi, telle qu'elle est décrite dans le Nouveau Testament, a différents aspects. Sa nature essentielle est toujours en accord avec la définition donnée dans Hébreux 11:1: "... la substance des choses qu'on espère, une démonstration de celles qu'on ne voit pas." Cependant, cette nature s'exprime sous des formes variées et reliées entre elles.

Les trois principales formes de la foi peuvent être définies comme suit:
1. Vivre par la foi.
2. La foi en tant que don.
3. La foi en tant que fruit.

La première forme de foi est une communion personnelle et continue reliant le chrétien directement à Dieu et affectant chaque domaine de sa vie. Elle lui donne la motivation, la direction, et la capacité pour tout ce qu'il fait. C'est, en fait, à la fois la seule et unique motivation pour une vie de justice. C'est pour cette raison que nous l'appellerons "la foi qui nous fait vivre".

A partir du chapitre cinq de ce livre, nous allons examiner attentivement cette forme de foi. Nous allons tout d'abord, dans ce chapitre, étudier la nature de la foi en tant que don. Puis, au chapitre suivant, nous verrons la nature de la foi en tant que fruit.

La nature des dons spirituels

Dans 1 Corinthiens 12, Paul traite des dons du Saint-Esprit. Il commence le chapitre avec cette affirmation: "Pour ce qui concerne les dons spirituels, je ne veux pas, frères, que vous soyez dans l'ignorance." Dans les versets 7 à 11, il énumère neuf dons différents: "Or à chacun la manifestation de l'Esprit est donnée pour l'utilité commune (7). En effet, à l'un est donnée par l'Esprit une parole de sagesse; à un autre, une parole de connaissance selon le même Esprit (8); à un autre, la foi par le même Esprit; à un autre, le don des guérisons par le même Esprit (9); à un autre, le don d'opérer des miracles; à un autre, la prophétie; à un autre, le discernement des esprits; à un autre, la diversité des langues; à un autre, l'interprétation des langues (10). Un seul et même Esprit opère toutes ces choses, les distribuant à chacun en particulier comme il veut (11)."

Le mot clé expliquant la nature distincte de ces dons est "manifestation". Le Saint-Esprit lui-même habitant dans le chrétien est invisible. Par ces dons qui s'opèrent à travers ce dernier, la présence du Saint-Esprit se manifeste aux sens humains. Dans chaque cas, les résultats produits sont du domaine des sens; ils peuvent être vus, entendus ou sentis.

Puisque ces dons sont des manifestations, non pas de la personnalité du chrétien, mais de la personne du Saint-Esprit agissant en lui, ils sont tous surnaturels par leur caractère. A chaque fois, les résultats produits sont à un niveau beaucoup plus élevé que ce qu'il aurait pu faire avec ses capacités naturelles. Chacun d'entre eux n'est possible que grâce à l'action surnaturelle du Saint-Esprit. Par ces dons, et par le chrétien, le Saint-Esprit arrive du royaume spirituel invisible et a un impact direct sur le monde physique de l'espace et du temps.

Paul établit deux points importants à propos de ces dons. Ils sont d'abord distribués uniquement par le Saint-Esprit selon sa volonté souveraine pour le ministère de chaque chrétien. La volonté humaine ou l'accomplissement ne sont pas les fondements pour recevoir ces dons spirituels. Ils sont ensuite donnés "à chacun [...] pour l'utilité commune" dans un but pratique et utile. Comme Bob Mumford l'a dit, les dons de l'Esprit sont des instruments et non des jouets.

On a souvent dit que ces neuf dons se classaient naturellement en trois groupes de trois: trois dons d'expression, qui agissent par les cordes vocales du chrétien et qui sont la prophétie, les langues et l'interprétation des langues; trois dons de révélation, qui supposent une illumination spirituelle et qui sont la parole de sagesse, la parole de connaissance et le discernement des esprits; trois dons de puissance, qui démontrent la puissance surnaturelle de Dieu dans le domaine physique et qui sont la foi, le don de guérison et celui d'opérer des miracles.

Ayez la foi de Dieu

Le don de la foi, que nous allons maintenant étudier, est le premier des trois dons de puissance. Il se différencie des autres formes de foi par le fait qu'il s'agit d'une manifestation surnaturelle et souveraine du Saint-Esprit agissant à travers le chrétien. Les deux mots clés sont 'souverain' et 'surnaturel'.

Dans Matthieu 21 et dans Marc 11, nous lisons comment Jésus, allant à Jérusalem avec ses disciples, est arrivé devant un figuier au bord de la route. Jésus cherchait du fruit. Lorsqu'il a vu que l'arbre ne contenait que des feuilles sans aucun fruit, il a prononcé une malédiction sur l'arbre en disant: "Que jamais personne ne mange de ton fruit!" (Marc 11:14) Le lendemain, alors qu'ils passaient devant ce même arbre, les disciples ont été étonnés de constater qu'en l'espace de vingt-quatre heures il était devenu entièrement sec. Pierre a dit: "Rabbi, regarde, le figuier que tu as maudit a séché." (Marc 11:21)

Jésus lui a répondu: "Ayez foi en Dieu." (Marc 11:22) C'est la traduction française courante. Cependant, ce que Jésus dit, en fait, dans sa forme littérale, c'est: "Ayez la foi de Dieu." Cela amène la forme particulière de foi dont nous parlons ici, qui est la foi en tant que don. La foi trouve son origine non pas dans l'homme, mais en Dieu. C'est l'un des aspects de la nature éternelle de Dieu. (Dans le dernier chapitre de ce livre, nous examinerons cela plus en détail.) A travers le don de la foi, le Saint-Esprit communique une partie de la propre foi de Dieu au chrétien de façon directe et surnaturelle. C'est la foi à un niveau divin, beaucoup plus élevée que la foi humaine aussi éloignée d'elle que le ciel est éloigné de la terre.

En disant "Ayez la foi de Dieu", Jésus mettait au défi ses disciples de recevoir et d'exercer ce genre de foi, tout comme lui-même l'avait fait. Il continue en disant qu'avec une telle foi, ils seraient non seulement capables de faire ce qu'il venait de faire au figuier, mais que, en disant un mot, ils pourraient bouger une montagne: "Je vous le dis en vérité, si vous aviez de la foi, et que vous ne doutiez point, non seulement vous feriez ce qui a été fait à ce figuier, mais quand vous diriez à cette montagne: Ote-toi de là et jette-toi dans la mer, cela se ferait." (Matthieu 21:21)

Dans Marc 11:23, Jésus ne parle pas seulement aux disciples présents ("Si vous aviez de la foi..."); en utilisant le mot "quelqu'un", il étend la promesse à tous les chrétiens: "Je vous le dis en vérité, si quelqu'un dit à cette montagne: Ote-toi de là et jette-toi dans la mer, et s'il ne doute point dans son cœur, mais croit que ce qu'il dit arrive, il le verra s'accomplir." Jésus ne met pas de limite à ce genre de foi. Les expressions qu'il utilise sont sans restriction: "Si quelqu'un dit [...] ce qu'il dit [...] il le verra s'accomplir." Il n'y a pas de restriction quant à la personne qui parle ou les paroles qui sont prononcées. Tout ce qui importe, c'est la nature de la foi; ce doit être la foi de Dieu.

Dans Luc 8:22-25, nous lisons l'histoire de Jésus et de ses disciples traversant la mer de Galilée dans un bateau, brusquement pris dans une tempête anormalement violente. Les disciples réveillent Jésus qui dormait à la poupe en disant: "Maître, maître, nous périssons." Le récit continue ainsi: "S'étant réveillé, il menaça le vent et les flots qui s'apaisèrent, et le calme revint."

Evidemment, la foi que Jésus exerçait ici n'était pas à un niveau humain. Normalement, les vents et les eaux ne sont pas sous le contrôle de l'homme. Mais pour répondre à ce besoin précis, Dieu a communiqué à Jésus une part spéciale de sa propre foi. Par une parole dite avec cette foi, il a ensuite accompli ce qu'autrement seul Dieu aurait pu faire, c'est-à-dire calmer instantanément la tempête.

Une fois le danger passé, Jésus s'est tourné vers ses disciples et leur a dit: "Où est votre foi?" Autrement dit: "Pourquoi n'avez-vous pas pu faire cela? Pourquoi est-ce moi qui ai dû le faire?" Il sous-entend que les disciples auraient pu tout aussi facilement calmer la tempête s'ils avaient exercé la bonne forme de foi. Mais, au moment de la crise, l'impact de la tempête sur les sens des disciples a permis à la crainte d'entrer dans leur cœur, ce qui en a exclu la foi. Jésus, au contraire, avait ouvert son cœur au Père et avait reçu de lui le don surnaturel de la foi nécessaire pour lutter contre la tempête.

La qualité, pas la quantité

Plus tard, Jésus a été confronté à une tempête d'un genre différent, celle d'un garçon victime d'une crise d'épilepsie et qui se roule par terre, et de son père angoissé qui implore de l'aide. Jésus a calmé cette tempête de la même façon qu'il l'a fait pour celle de la mer de Galilée. Il a prononcé une parole d'autorité et de foi qui a fait sortir l'esprit du corps du garçon. Lorsque les disciples lui ont demandé pourquoi eux-mêmes n'avaient pu le faire, il leur a clairement dit: "C'est à cause de votre incrédulité." Il a continué: "Si vous aviez de la foi comme un grain de sénevé, vous diriez à cette montagne: Transporte-toi d'ici à là-bas et elle se transporterait. Rien ne vous serait impossible." (Matthieu 17:20)

Jésus utilise ici le grain de sénevé comme une mesure de quantité. Dans Matthieu 13:32, il nous est dit qu'un grain de sénevé est "la plus petite de toutes les semences". Autrement dit, Jésus leur dit que ce n'est pas la quantité de foi qui importe, mais la qualité. Un grain de sénevé est suffisant pour transporter une montagne!

Vers l'apogée de son ministère terrestre, devant le tombeau de Lazare, Jésus démontrait encore une fois la puissance des paroles prononcées avec ce genre de foi. Il a crié d'une voix forte: "Lazare, sors!" (Jean 11:43) Ce bref commandement, stimulé par la foi surnaturelle, a fait sortir du tombeau un homme qui était mort et enterré vivant et en pleine forme.

Le modèle original de ce genre de foi se trouve dans l'acte de création lui-même. C'est par la foi dans ses propres paroles que Dieu a créé l'univers: "Les cieux ont été faits par la parole de l'Eternel, et toute leur armée par le souffle de sa bouche [...] car il dit et la chose arrive, il ordonne, et elle existe." (Psaume 33:6, 9) La parole dite par Dieu et stimulée par son Esprit a été l'agent efficace de toute la création.

Lorsque le don de la foi opère, un homme devient pour un temps le canal de la propre foi de Dieu. La personne qui parle n'est plus importante, mais seulement la foi qui s'exprime. Si c'est la foi de Dieu qui est à l'œuvre, elle est tout aussi efficace si elle est exprimée par la bouche de Dieu ou si elle est murmurée par le Saint-Esprit à travers la bouche d'un homme chrétien. Tant qu'un chrétien agit avec cette foi divine, ses paroles sont aussi efficaces que si Dieu lui-même les avait dites. C'est la foi qui est importante, et non pas la personne.

Dans les exemples que nous avons cités plus haut, cette foi surnaturelle s'exprimait par une parole. C'est par une parole que Jésus a provoqué l'assèchement du figuier. C'est également par une parole qu'il a calmé la tempête, chassé le démon du garçon épileptique et appelé Lazare hors du tombeau. Dans Marc 11:23, il étend cette promesse à toutes les paroles prononcées par la foi quand il dit: "Si quelqu'un dit [...] il le verra s'accomplir."

Parfois, une parole dite dans la prière devient le canal pour le don de la foi. Dans Jacques 5, il nous est dit que "la prière de la foi sauvera le malade". Il n'y a plus de place pour le doute quant à l'efficacité d'une telle prière; ses résultats sont garantis. La prière prononcée avec la foi de Dieu est irrésistible. Ni la maladie ni aucune autre situation contraire à la volonté de Dieu ne peuvent y résister.

Pour donner un exemple de la "prière de la foi", Jacques fait référence à Eli qui, par sa prière, a fait cesser la pluie pendant trois ans et demi, puis la fait de nouveau tomber. L'Ecriture indique que la chute ou l'arrêt de la pluie sont des prérogatives divines exercées par Dieu lui-même (voir, par exemple, Deutéronome 11:13-17 ou Jérémie 5:24, 14:22). Pourtant, pendant trois ans et demi, Eli a exercé cette prérogative de la part de Dieu. Jacques souligne qu'Eli était "un homme de la même nature que nous", un être humain tout comme les autres. Mais tant qu'il a prié avec la foi de Dieu, les mots prononcés ont été aussi efficaces que des décrets de Dieu.

La foi de ce type n'agit pas seulement à travers la parole; c'est par ce même genre de foi surnaturelle que Jésus a pu marcher sur la mer agitée de Galilée (voir Matthieu 14:25-33). Dans ce cas, il n'a pas eu besoin de parler, il a simplement marché sur l'eau. Pierre a commencé à suivre l'exemple de Jésus et à exercer le même type de foi. Il a ainsi pu faire comme Jésus. Lorsqu'il a détourné les yeux de son maître et a vu les vagues, sa foi l'a quitté et il a commencé à couler!

Le commentaire de Jésus est très explicite: "Homme de peu de foi, pourquoi as-tu douté?" (Matthieu 14:31) Jésus n'a pas reproché à Pierre d'avoir voulu marcher sur l'eau; il lui a reproché d'avoir perdu la foi en chemin. Don Basham a fait remarquer qu'il y a en chaque cœur humain une impulsion divine à sortir de la foi surnaturelle et à marcher au-dessus du niveau de nos propres capacités. Puisque c'est Dieu lui-même qui a placé ce désir dans le cœur de l'homme, il ne nous le reproche pas. Au contraire, il désire nous donner la foi qui nous rend capables de le faire. Il est déçu non pas lorsque nous atteignons ce genre de foi, mais lorsque nous ne nous y tenons pas suffisamment longtemps.

Dieu conserve l'initiative

Ce genre de foi surnaturelle est accordée dans une situation particulière correspondant à un besoin particulier. Elle reste sous le contrôle direct de Dieu. Cela doit demeurer ainsi, puisqu'il s'agit de la foi même de Dieu. Il la donne ou il l'enlève comme il le désire. Elle est incluse dans la liste des dons surnaturels dont Paul dit qu'"un seul et même esprit opère ces choses, les distribuant à chacun en particulier comme il veut" (1 Corinthiens 12:11). La phrase clé se trouve ici à la fin, "comme il veut". Dieu lui-même communique chacun de ses dons; l'initiative vient de lui et non de l'homme.

Cela était vrai même du temps du ministère de Jésus. Il n'a pas maudit tous les figuiers qui ne portaient pas de fruit, il n'a pas calmé toutes les tempêtes, il n'a pas fait sortir tous les morts de leurs tombeaux, il n'a pas toujours marché sur l'eau. Il était attentif à laisser l'initiative à son père. Dans Jean 5:19, il dit: "Le fils ne peut rien faire de lui-même, il ne fait que ce qu'il voit faire au Père; et tout ce que le Père fait, le Fils aussi le fait pareillement." Plus loin dans Jean 14:10: "Les paroles que je vous dis, je ne les dis pas de moi-même; et le Père qui demeure en moi, c'est lui qui fait les œuvres." L'initiative appartenait toujours au Père.

Nous devons apprendre à être aussi respectueux et attentifs dans notre communion avec le Père que Jésus l'était. Il ne nous revient pas de commander le don de la foi; il n'est pas fait pour satisfaire nos caprices personnels ou nos ambitions, mais nous est donné selon le plaisir de Dieu pour accomplir des desseins prévus dans son plan. Nous ne pouvons et ne devons ôter l'initiative à Dieu, même s'il nous le permettait; ce serait à la fin pour notre perte.

Décrit comme la graine de sénevé, le don de la foi est semblable à deux des dons de révélation qui sont la parole de sagesse et la parole de connaissance. La sagesse est directive, la connaissance est informative. Dieu possède toute sagesse et toute connaissance, mais, heureusement pour nous, il ne nous la révèle pas dans sa totalité. Dans une situation donnée cependant, lorsque nous avons besoin d'une direction, il nous communique de façon surnaturelle une "parole" de sagesse, simplement une petite graine de sénevé dans la totalité de sa sagesse. Ou bien, dans une situation où nous avons besoin d'information, il nous communique une "parole" de connaissance, une petite graine de sénevé dans la totalité de sa connaissance.

Il en est ainsi du don de la foi. Dieu a toute la foi, mais ne nous la communique pas tout entière. Dans une situation donnée, alors que nous avons besoin d'une foi plus grande, Dieu nous communique "une graine de sénevé" de sa réserve. Une fois que ce besoin a été comblé, il retire sa foi et nous laisse exercer la nôtre.

Un équipement pour l'évangélisation

D'un autre point de vue, comme nous l'avons vu plus haut, le don de la foi est associé à deux autres dons de puissance qui sont le don de guérison et celui d'opérer des miracles. En pratique, le don de la foi sert souvent de catalyseur pour faire fonctionner les deux autres dons. Nous le voyons dans l'exemple du ministère de Philippe en Samarie comme nous le décrit Actes 8:5-8: "Philippe, étant descendu dans une ville de la Samarie, y prêcha le Christ. Les foules tout entières étaient attentives à ce que disait Philippe, lorsqu'elles apprirent et virent les miracles qu'il faisait. Car des esprits impurs sortirent de plusieurs démoniaques, en poussant de grands cris, et beaucoup de paralytiques et de boiteux furent guéris. Et il y eut une grande joie dans cette ville."

Dans la première phase de son ministère, Philippe chasse des esprits malins. Comme nous l'avons vu dans l'exemple de Jésus, dans Matthieu 17:17-20 et ailleurs, cela se fait grâce à la parole prononcée par l'exercice du don de la foi. Dans la seconde phase du ministère de Philippe, les deux dons associés des guérisons et des miracles s'y sont ajoutés. Le résultat est que des miracles ont eu lieu et le paralysé et le boiteux ont été guéris.

Dans Actes 21:8, Philippe est appelé l'évangéliste. Il n'y a que deux exemples du ministère d'évangéliste qui nous sont présentés dans le Nouveau Testament: celui de Jésus et celui de Philippe. Dans chacun des cas, l'accent était mis sur les esprits méchants chassés, suivis de miracles et de guérisons. Les trois dons de la foi, des miracles et de guérison constituent ensemble l'équipement surnaturel du ministère de l'évangéliste dans le Nouveau Testament.

Résumé

Le don de la foi est l'un des neuf dons du Saint-Esprit que Paul énumère dans 1 Corinthiens 12:7-11. Chacun d'eux est une manifestation surnaturelle du Saint-Esprit, qui habite dans le chrétien et qui agit à travers lui.

Par le don de la foi, le Saint-Esprit communique temporairement au chrétien une part de la propre foi de Dieu. C'est la foi à un niveau divin, bien supérieure à la foi humaine. Ce n'est pas la quantité qui est importante, mais la qualité. Une graine de moutarde de foi est suffisante pour transporter une montagne.

Le don de la foi se manifeste fréquemment, mais pas exclusivement, par une parole prononcée. Une telle parole peut être dite dans la prière. Par ce don, Jésus a asséché un figuier en l'espace de vingt-quatre heures, calmé une tempête en mer, appelé Lazare hors du tombeau et marché sur une mer houleuse.

Dieu a mis dans le cœur de l'homme le besoin d'exercer ce genre de foi. Il ne nous reproche donc pas de l'utiliser, mais il est déçu si nous l'abandonnons trop vite. Cependant, comme dans le ministère de Jésus, l'initiative doit toujours revenir à Dieu.

Le don de la foi peut servir de catalyseur pour les dons de guérison et des miracles. Ces trois dons mis ensemble sont l'équipement prévu par le Nouveau Testament pour le ministère d'évangéliste.

* * * * * * *

CHAPITRE 4

LA FOI EN TANT QUE FRUIT

Dans le chapitre précédent, nous avons étudié les neuf dons spirituels que Paul énumère dans 1 Corinthiens 12:7-11. Dans ce chapitre, nous allons regarder ensemble la liste des neuf formes du fruit spirituel que nous donne Paul dans Galates 5:22-23: "Mais le fruit de l'Esprit, c'est l'amour, la joie, la paix, la patience, la bonté, la bénignité, la fidélité, la douceur, la tempérance..."

La septième forme du fruit est la "foi" (en anglais, n.d.t.). De récentes versions offrent une variété de traductions telles que "la fidélité", "la loyauté" ou "la confiance". Cependant, le nom grec que Paul utilise ici est "pistis". Comme nous l'avons vu dans le chapitre un, c'est le mot central pour "foi" tout au long du Nouveau Testament.

Avant de commencer à étudier cette forme particulière du fruit, il serait utile de considérer la relation entre les dons et le fruit en général. Quelle en est la différence?

Le fruit par opposition aux dons

L'une des façons de faire la différence est d'imaginer un arbre de Noël et un pommier côte à côte. L'arbre de Noël porte des cadeaux, un pommier porte des fruits. Un don est à la fois attaché à l'arbre de Noël et enlevé par un seul acte bref. Le cadeau peut être un vêtement et l'arbre un sapin. Il n'y a pas de relation directe entre l'arbre et le cadeau. Le don ne nous dit rien de la nature de l'arbre d'où il a été pris.

Par contre, il existe un lien direct entre une pomme et l'arbre qui la porte. La nature de l'arbre détermine la nature du fruit, à la fois son genre et sa qualité. Un pommier ne pourra jamais donner une orange. Un arbre sain portera du fruit sain; un mauvais arbre donnera du mauvais fruit (voir Matthieu 7:17-20). Le fruit du pommier n'est pas produit par un seul acte, mais il est le résultat d'un processus de croissance et de développement constants. Pour produire le meilleur fruit, l'arbre doit être soigneusement cultivé; cela demande du temps, du savoir-faire et du travail.

Appliquons cette analogie au domaine spirituel. Un don spirituel est à la fois communiqué et reçu par une transaction unique et brève. Il ne nous dit rien de la nature de la personne qui l'exerce. En revanche, le fruit spirituel exprime la nature de la vie dont il provient; il ne vient qu'après un processus de croissance. Pour avoir le meilleur fruit, la vie doit être soigneusement cultivée, avec du temps, du savoir-faire et du travail.

Nous pourrions exprimer autrement cette différence en disant que les dons sont le reflet de la capacité, et le fruit celui du caractère.

Quel est le plus important? A long terme, sans aucun doute le caractère. L'exercice des dons est temporaire. Comme Paul l'explique dans 1 Corinthiens 13:8-13, il y aura un temps où les dons ne seront plus nécessaires. Le caractère, lui, est permanent. Celui que nous développons dans cette vie déterminera ce que nous serons tout au long de l'éternité. Un jour, nous laisserons nos dons, mais notre caractère sera toujours avec nous.

Nous n'avons cependant pas à choisir l'un ou l'autre. Les dons n'excluent pas le fruit, le fruit n'exclut pas les dons; ils sont plutôt complémentaires. Les dons donnent l'expression pratique du caractère. Jésus nous l'a parfaitement montré. Son amour, son caractère miséricordieux s'exprimait le plus possible par l'exercice des dons spirituels. C'est seulement à travers cela qu'il pouvait répondre aux besoins des gens auxquels il prêchait, et ainsi leur montrer pleinement la nature de son Père céleste qu'il était venu représenter (voir Jean 14:9-10).

Nous devons chercher à l'imiter. Plus nous manifesterons les attributs de l'amour, de l'intérêt et de la compassion qui caractérisaient Jésus, plus nous aurons besoin des mêmes dons que lui afin de leur donner une expression pratique. Plus nous serons équipés de ces dons, plus nous serons capables de glorifier Dieu notre Père, tout comme Jésus l'a fait.

La foi en tant que confiance

Le fruit exprime donc le caractère. Lorsque les neuf formes du fruit spirituel sont présentes et pleinement développées, elles représentent la totalité du caractère chrétien, parfaitement achevé, chacune des formes du fruit satisfaisant un besoin spécifique et chacun complétant le reste. Dans cet ensemble, le fruit de la foi pourrait être considéré sous deux aspects correspondant à deux emplois différents, mais qui sont liés au mot grec "pistis". Le premier est la confiance, le second, la loyauté.

Pour exprimer le premier aspect de la foi en tant que fruit, la Bible de Jérusalem traduit "pistis" par "confiance". Souvent, Jésus souligne l'une des conditions essentielles pour tous ceux qui veulent entrer dans le royaume de Dieu, c'est-à-dire devenir comme des petits enfants (voir Matthieu 8:1-4, 19:13-14, Marc 10:13-15, Luc 18:16-17). Il n'y a probablement aucune qualité plus caractéristique de l'enfance que la confiance. Pourtant, paradoxalement, c'est une qualité qui se retrouve à la perfection dans les hommes de Dieu les plus mûrs tels qu'Abraham, Moïse, David ou Paul. Nous pourrions donc en conclure que la façon dont nous cultivons cette forme particulière de fruit donne une bonne mesure de notre maturité spirituelle.

Plus pleinement, le fruit de la foi, à cet égard, pourrait se définir comme une confiance tranquille, constante et invariable en la bonté, la sagesse et la fidélité de Dieu. Quels que soient les épreuves ou les désastres apparents rencontrés, la personne qui a cultivé cette forme de fruit reste calme et en paix au milieu de tout cela. Elle a une confiance inébranlable que Dieu contrôle toute la situation et qu'en toutes circonstances, il accomplit ses desseins de bénédiction pour chacun de ses enfants.

L'expression visible de ce genre de confiance est la stabilité. Cela est remarquablement bien décrit par David dans le Psaume 125:1: "Ceux qui se confient en l'Eternel sont comme la montagne de Sion; elle ne chancelle point, elle est affermie pour toujours." Toutes les montagnes de la terre peuvent chanceler et trembler, et même être totalement détruites, sauf une, Sion, qui est la montagne que Dieu s'est choisie pour y habiter. Elle seule ne peut être détruite et subsiste à jamais.

Il en est ainsi du chrétien qui a appris à avoir confiance. Les autres autour de lui peuvent paniquer et être dans la confusion, mais lui demeure calme et en sécurité. "Elle est fondée sur les montagnes saintes." (Psaume 87:1)

Vers 1960, alors que j'étais principal de collège pour les enseignants africains au Kenya de l'Ouest, l'une de mes étudiantes, Agneta, a contracté la typhoïde. Ma femme et moi lui avons rendu visite à l'hôpital où elle était dans un coma profond. J'ai prié afin que Dieu la sorte de ce coma assez longtemps, afin que je puisse lui parler. Un peu plus tard, elle a ouvert les yeux et m'a regardé.

"Agneta, lui ai-je dit, es-tu absolument sûre que ton âme est en sûreté entre les mains du Seigneur?"

"Oui", m'a-t-elle répondu d'une voix ferme et claire, puis elle a été immédiatement replongée dans ce coma profond. Mais j'étais satisfait. Cet unique mot, "oui", est tout ce qu'elle avait besoin de dire et tout ce que j'avais besoin d'entendre. Il exprimait une confiance absolue et profonde que rien au monde n'aurait pu ébranler ni détruire.

La clé à ce genre de confiance est l'engagement. Environ un an auparavant, en ma présence, Agneta avait vraiment donné sa vie à Jésus-Christ. A l'heure des épreuves, peut-être au seuil de l'éternité, elle n'avait pas besoin de s'engager de nouveau. Elle n'avait besoin que de se reposer sur l'engagement qu'elle avait déjà pris, dans la mort et la vie, dans le temps et l'éternité.

En fin de compte, Dieu a répondu aux prières des camarades d'Agneta et l'a rétablie complètement dans sa santé. Sa capacité à recevoir l'influence des prières pour elle a été dans une large mesure due à son attitude confiante.

Dans le Psaume 37:5, David dit: "Recommande ton sort à l'**Eternel**, mets en lui ta confiance et il agira." Plus littéralement, ce verset dit: "... et il le fait." On nous demande ici deux choses. La première est un acte, "recommande". La seconde est une attitude, "mets en lui ta confiance". L'action d'engagement conduit à une attitude de confiance. Tant que nous avons ce genre d'attitude, David nous assure que l'Eternel agit. Autrement dit, Dieu s'occupe de ce que nous lui confions. C'est grâce à notre attitude de confiance que nous pouvons garder le canal par lequel Dieu peut intervenir dans notre vie et accomplir ce qui doit être fait. Si, par contre, nous n'avons plus cette confiance, nous fermons le canal et empêchons Dieu d'accomplir ce qu'il a commencé à faire pour nous.

Remettre une affaire au Seigneur, c'est comme prendre de l'argent à la banque et le déposer sur notre compte. Une fois que le caissier nous a donné un reçu pour notre dépôt, nous ne nous occupons plus de la sécurité de notre argent; c'est devenu maintenant la responsabilité de la banque et non plus la nôtre. Il est parfois étonnant de voir que les gens, qui n'ont aucune difficulté à avoir confiance dans une banque pour leur argent, trouvent plus difficile de faire confiance à Dieu pour les questions vitales qu'ils lui ont confiées.

L'exemple du dépôt à la banque illustre l'un des facteurs importants d'un engagement heureux. Lorsque nous sortons de la banque, nous avons un reçu en bonne et due forme, indiquant la date, le lieu et le montant du dépôt. Il n'y a pas d'incertitudes. Nous avons besoin d'être aussi précis en ce qui concerne les choses que nous confions à Dieu. Nous devons savoir, sans l'ombre d'un doute, à la fois ce que nous lui avons confié, quand et où nous l'avons fait. Nous avons également besoin du reçu officiel du Saint-Esprit reconnaissant que Dieu a accepté notre dépôt.

La confiance se cultive

La confiance est comme toutes les formes de fruit; elle doit être cultivée et elle passe par différents stades de développement avant d'atteindre sa pleine maturité. Le développement de la confiance est fort bien illustré par les paroles de David dans le Psaume 62. Au verset 3, il dit: "Oui, c'est lui qui est mon rocher et mon salut, ma haute retraite; je ne chancellerai guère." Mais au verset 7, après avoir fait exactement la même déclaration de confiance envers Dieu, il dit: "Je ne chancellerai pas." Entre les versets 3 et 7, David a progressé de "je ne chancellerai guère" à "je ne chancellerai pas". (Dans le chapitre sept, nous étudierons plus en détail la nécessité de "confesser" notre foi par une affirmation et une réaffirmation verbales.)

Nous devons être aussi honnêtes envers nous-mêmes que David l'a été. Avant que notre confiance ne parvienne à maturité, le mieux que nous puissions dire est: "Je ne chancellerai guère". A ce stade, les problèmes et les oppositions nous ébranleront, mais ne nous abattront pas. Cependant, si nous continuons à cultiver notre confiance, nous arriverons au stade qui nous permet de dire: "Je ne chancellerai pas", un point c'est tout. Rien ne pourra plus nous ébranler et encore moins nous abattre.

La confiance de ce type appartient au domaine de l'esprit plutôt qu'à celui des émotions. Nous pouvons encore nous tourner vers David à titre d'exemple. Dans le Psaume 56:4, "Quand je suis dans la crainte, en toi je me confie", David reconnaît ici deux influences conflictuelles qui agissent simultanément en lui: la confiance et la crainte. Mais la crainte est superficielle et fait partie des émotions; la confiance est plus profonde et appartient au domaine de l'esprit.

La confiance amenée à maturité est comme un fleuve profond et fort qui va irrésistiblement vers la mer. Parfois, les vents de la peur ou du doute peuvent souffler en sens contraire et former des vagues écumantes à la surface. Ces vents et ces vagues ne peuvent pourtant ni changer ni entraver le flot profond et continu des eaux sous la surface, puisqu'il suit les traces du lit du fleuve vers leur destination finale qui est la mer.

La confiance arrivée à pleine maturité est merveilleusement décrite par les paroles de Paul dans 2 Timothée 1:12: "Et c'est à cause de cela que je souffre ces choses; mais je n'en ai point honte, car je sais en qui j'ai cru, et je suis persuadé qu'il a la puissance de garder mon dépôt jusqu'à ce jour-là." Selon tous nos critères humains, Paul à ce moment-là était en échec. Certains de ses amis les plus influents et certains de ceux qui le soutenaient s'étaient détournés de lui. De tous ses coéquipiers, seul Luc était resté avec lui; l'un d'entre eux, Demas, l'avait abandonné et était retourné dans le monde. Paul était infirme et âgé, prisonnier enchaîné dans une prison romaine, en attente d'un procès injuste et d'une exécution entre les mains d'un despote cruel et dépravé. Pourtant ses paroles sonnent comme une confiance sereine et inébranlable: "Je n'ai point honte [...] je sais [...] j'ai cru [...] je suis persuadé..." Au-delà de l'horizon du temps, il voyait un ciel sans nuage "ce jour-là", le jour où un autre juste Juge lui donnerait "la couronne de la justice" (voir 2 Timothée 4:8).

Pour Paul, comme pour David, la confiance découlait d'un acte d'engagement exprimé dans ses propres mots: "... il a la puissance de garder mon dépôt jusqu'à ce jour-là." La confiance était le résultat d'un dépôt. Des années auparavant, Paul s'était irrévocablement donné à Christ. En dehors de cela, les épreuves et les souffrances ont graduellement amené une confiance de plus en plus profonde qui l'a par la suite conduit à sa pleine maturité dans un cachot romain; l'éclat de cette confiance lumineuse contrastait avec son contexte lugubre.

La foi en tant que loyauté

Nous allons maintenant voir le second aspect de la foi en tant que fruit, qui est la loyauté. Du point de vue linguistique, la loyauté est en fait la signification première de "pistis". Dans le dictionnaire grec du Nouveau Testament, de Arndt et Gingrich, la première définition spécifique donnée de "pistis" est "loyauté, responsabilité". Si nous revenons à l'Ancien Testament, c'est la même chose pour le mot hébreu "foi", "emunah". Sa signification première est "fidélité", la seconde est "foi". Le verbe dont il dérive nous donne le mot "amen", "ainsi soit-il". Que cela se fasse. La racine est "ferme, digne de confiance".

Les deux significations, confiance et loyauté, convergent vers la personne et la nature de Dieu lui-même. Si nous envisageons la foi en tant que confiance, son seul fondement légitime est la loyauté de Dieu. Si nous l'envisageons comme loyauté, c'est uniquement par notre confiance que le Saint-Esprit peut nous communiquer celle de Dieu, qui est lui-même à la fois le commencement et la fin de la foi. Sa loyauté est le seul fondement de notre confiance qui, en lui, produit en nous sa loyauté.

Il n'y a probablement aucun autre attribut de Dieu qui soit plus souligné dans la Bible que sa loyauté. Dans l'Ancien Testament, un mot hébreu spécial lui est réservé: "chesed". Dans les versions anglaises, ce mot est traduit de différentes façons comme "bonté", "amabilité", "grâce"... Aucune de ces traductions n'exprime cependant pleinement le véritable sens de ce terme.

Il existe deux traits différents au "chesed" de Dieu. Il est d'abord l'expression de la grâce gratuite et imméritée de Dieu. Cela va bien au-delà de tout ce qu'un homme peut désirer ou demander comme un droit. Il est ensuite toujours fondé sur une alliance que Dieu conclut volontairement. Nous pouvons associer ces deux facteurs en disant que "chesed" est la loyauté de Dieu à accomplir ses engagements de l'alliance qui va bien au-delà de tout ce que nous pouvons désirer ou demander.

Nous trouvons donc une étroite relation entre trois concepts hébreux importants: "emunah", foi ou fidélité, "chesed", la loyauté de Dieu, et "berith", une alliance. C'est un thème récurrent à une série de versets du Psaume 89: "Ma fidélité ("emunah") et ma bonté ("chesed") seront avec lui (25) [...] Je lui conserverai toujours ma bonté ("chesed") et mon alliance ("berith") lui sera fidèle (amen) (29) [...] Mais je ne lui retirerai point ma bonté ("chesed") et je ne trahirai pas ma fidélité ("emunah") (34) Je ne violerai point mon alliance ("berith") et je ne changerai pas ce qui est sorti de mes lèvres (35)."

Ce dernier verset fait ressortir une relation particulière entre la loyauté de Dieu et les paroles de ses lèvres. Il y a deux choses que Dieu ne fera jamais, c'est-à-dire rompre son alliance et revenir sur ce qu'il a dit. La loyauté de Dieu, communiquée par le Saint-Esprit, reproduira les mêmes caractéristiques en nous; elle fera de nous des personnes d'une intégrité et d'une honnêteté sans faille.

Dans le Psaume 15:1, David pose deux questions: "O Eternel, qui séjournera dans ta tente? Qui demeurera sur ta montagne sainte?" Aux versets suivants, il répond à ces questions en énumérant onze caractéristiques d'une telle personne. La neuvième condition, émise à la fin du verset 4, est: "Il ne se rétracte point, s'il fait un serment à son préjudice." Dieu s'attend à ce que le chrétien soit entier dans ses engagements, même au prix de sacrifices personnels. Le monde a sa propre façon de le dire: "Un homme est aussi bon que ses paroles." Un chrétien qui n'honore pas sa parole et ne garde pas ses engagements n'a pas encore développé le fruit de la loyauté.

Alors que Dieu réclame ce genre de loyauté dans nos relations avec les hommes, nous avons une obligation toute particulière envers les frères en Christ. La loyauté de Dieu ("chesed") est fondée, comme nous l'avons vu, sur son alliance ("berith"). Par Jésus-Christ, il nous a fait entrer dans une nouvelle alliance à la fois envers lui-même et les uns envers les autres. La marque distinctive de cette relation est la manifestation à la fois envers Dieu et envers les frères de la même loyauté dont Dieu nous a si richement comblés.

Nous avons déjà vu que le "chesed" de Dieu, s'exprimant dans ses engagements de l'alliance, est fondé sur sa grâce, qui va bien au-delà de ce que nous, en tant que récipients, pouvons désirer ou demander. Cela se reflétera également dans nos relations avec les chrétiens; nous ne nous limiterons plus à de simples désirs de justice ou de forme légale de contrat, nous serons prêts à nous engager entièrement de la même façon que Dieu l'a fait en établissant son alliance envers nous, et même à donner nos vie les uns pour les autres. "Nous avons connu l'amour, en ce qu'il a donné sa vie pour nous; nous aussi, nous devons donner notre vie pour les frères." (1 Jean 3:16) C'est en abandonnant nos vies que nous entrons pleinement dans la relation de l'alliance avec Dieu et les uns avec les autres.

L'Ecriture peint un tableau terrifiant des critères moraux et éthiques qui marqueront la fin du siècle présent: "Sache que, dans les derniers temps, il y aura des temps difficiles. Car les hommes seront égoïstes, amis de l'argent, fanfarons, hautains, blasphémateurs, rebelles à leurs parents, ingrats, irréligieux, insensibles, déloyaux, calomniateurs, intempérants, cruels, ennemis des gens de bien, traîtres, emportés, enflés d'orgueil, aimant le plaisir plus que Dieu, ayant l'apparence de la piété, mais reniant ce qui en fait la force. Eloigne-toi de ces hommes-là." (2 Timothée 3:1-4)

Le mot grec traduit ici par "déloyaux" est défini dans le dictionnaire Thayer comme "ceux qui ne sont pas persuadés d'entrer dans l'alliance". Toute la tendance de ce monde sera – en fait est déjà –

à l'opposé des caractéristiques morales et éthiques qu'exige l'alliance. Alors que le monde s'enfonce toujours plus dans les ténèbres, le peuple de Dieu doit, au contraire, être plus déterminé que jamais à marcher dans la lumière de la communion. Nous devons à la fois vouloir et nous qualifier pour entrer et rester dans ces relations de l'alliance dont la communauté dépend.

C'est pour cette raison que nous devons cultiver jusqu'à sa pleine maturité le fruit de la loyauté.

Résumé

Le fruit spirituel se différencie des dons par deux aspects principaux. Un don spirituel peut d'abord être communiqué et reçu par un simple et bref échange; le fruit doit être cultivé continuellement, ce qui demande du temps, de la compétence et du travail. Ensuite, les dons ne sont pas directement en relation avec la nature de ceux qui les exercent; le fruit est l'expression du caractère. L'idéal est que le fruit et les dons s'équilibrent en un ensemble qui glorifie Dieu et serve l'humanité.

En tant que fruit, la foi doit être envisagée de deux façons différentes, mais relatives, qui sont confiance et loyauté.

La confiance se manifeste dans la stabilité grandissant au fur et à mesure que la confiance mûrit. Cela demande un acte initial d'engagement. "L'engagement" conduit à "la confiance".

Notre confiance est fondée sur la loyauté de Dieu (en hébreu "chesed"). Dieu démontre sa loyauté envers nous en accomplissant ses engagements de l'alliance, qui vont bien au-delà de ce que nous pouvons désirer ou demander. En retour, elle fait de nous le genre de personne qui veulent et peuvent entrer et rester dans les engagements de l'alliance, à la fois envers Dieu et envers les frères.

* * * * * * *

34

CHAPITRE 5

VIVRE PAR LA FOI

Six siècles avant l'ère chrétienne, Dieu a donné au prophète Habakuk une révélation qui devait être le fondement de l'Evangile: "Mais le juste vivra par sa foi." (Habakuk 2:4) Cette prophétie exprime exactement le thème central du message chrétien qui est cité trois fois dans le Nouveau Testament dans Romains 1:17, Galates 3:11 et Hébreux 10:38.

Un seul fondement: la foi

C'est dans Romains que la prophétie d'Habakuk est la mieux exposée. En fait, elle donne le thème central à toute l'épître. Afin d'obtenir une perspective correcte de l'épître aux Romains, nous pouvons la comparer à une symphonie d'un grand compositeur tel que Beethoven. Les versets 1 à 15 du premier chapitre représentent l'introduction. Dans les versets 16 et 17, Paul présente le thème principal qui est **"mais le juste vivra par sa foi"**.

La symphonie est ensuite divisée en trois mouvements principaux. Le premier couvre les chapitres 1 à 8. Dans celui-ci, l'approche de Paul est doctrinale. Il fait une analyse logique et détaillée de ce thème, montrant comment il s'harmonise avec les prophéties et les modèles de l'Ancien Testament. Le deuxième mouvement se compose des chapitres 9 à 11. Ici, Paul applique ce thème à Israël. Il montre comment la tentative du peuple d'Israël pour accomplir la justice par les œuvres plutôt que par la foi l'a empêché de voir son Messie, le privant ainsi des bénédictions que Dieu lui offrait à travers lui. Le troisième mouvement se compose des chapitres 12 à 16. Paul met ici l'emphase sur la pratique. Il montre comment son thème doit s'appliquer dans diverses activités, relations et devoirs de la vie quotidienne.

Pour apprécier convenablement une symphonie, nous devons reconnaître le thème principal du compositeur lorsqu'il nous le présente pour la première fois, puis le suivre attentivement durant toute exécution. Si nous n'avons pas le thème en tête, nous n'apprécierons pas pleinement les diverses modifications et les développements qu'il subit dans les mouvements successifs. Ce même principe s'applique à l'épître aux Romains. Nous devons tout d'abord attraper le thème principal qui soutient l'épître tout entière: "Le juste vivra par sa foi." Puis nous devons sans cesse garder ce thème présent à l'esprit lorsque nous étudions les divisions principales de l'épître, en notant comment elles s'appliquent à chacun des sujets qu'elle traite. Cela donnera l'unité et la consistance pour la compréhension de l'ensemble de l'épître.

Dans Romains 1:16, Paul affirme la condition principale pour expérimenter la puissance de Dieu pour le salut: "Car je n'ai point honte de l'Evangile; c'est une puissance de Dieu pour le salut de quiconque croit, du Juif premièrement, puis du Grec."

Le salut est disponible pour "quiconque croit"; pour le Juif premièrement, puis pour le Grec. Il n'y a pas d'exception. Les différences de milieux religieux ou raciaux n'entrent pas en ligne de compte. Dans son offre de salut à l'espèce humaine, Dieu a posé une simple condition qui ne varie jamais et qui est la foi.

Au verset 17, Paul continue à expliquer comment cette vérité du salut peut être connue: "Parce qu'en lui est révélée la justice de Dieu par la foi et pour la foi, selon qu'il est écrit: **Le juste vivra par sa foi.**"

Ce dernier mot est employé trois fois dans ce verset. La révélation de Dieu vient de la foi par la foi. Elle trouve son origine dans la propre foi de Dieu, la foi que sa parole accomplira son dessein préétabli. Elle se transmet à travers la foi de celui qui délivre le message. On se l'approprie par la foi de celui qui reçoit le message. Et le message est le suivant: "Le juste vivra par sa foi." Du début jusqu'à la fin, le thème est celui de la foi.

Examinons le message de plus près. Il ne peut être exprimé plus clairement: "Le juste vivra par sa foi." Evidemment, vivre dans ce contexte signifie plus que la vie normale physique. Nous savons que même les méchants et les païens ont ce type de vie. Mais l'Ecriture révèle qu'il existe un autre type de vie – une vie de justice – qui a sa source en Dieu seul. La seule façon de recevoir ce genre de vie est la foi en Jésus-Christ.

Dans son Evangile, l'apôtre Jean insiste continuellement sur cette vie divine et éternelle. Au début, dans Jean 1:4, il nous dit à propos de Jésus: "En lui était la vie." Dans Jean 3:36, il rappelle le témoignage de Jean-Baptiste à propos de Jésus: "Celui qui croit au Fils a la vie éternelle." Dans Jean 6:47, Jésus lui-même dit: "Celui qui croit en moi a la vie éternelle." Puis dans Jean 10:10: "Je suis venu afin que les brebis aient la vie, et qu'elles l'aient même avec abondance." Dans Jean 10:27-28: "Mes brebis entendent ma voix; je les connais, et elles me suivent. Je leur donne la vie éternelle." Enfin, à la fin de l'Evangile, Jean affirme le but principal pour lequel il a écrit: "... afin que vous croyiez que Jésus est le Christ, le Fils de Dieu, et qu'en croyant vous ayez la vie en son nom." (Jean 20:31)

Dans 1 Jean 5:11-13, ce dernier revient à ce thème: "Et voici ce témoignage, c'est que Dieu nous a donné la vie éternelle, et que cette vie est dans son Fils. Celui qui a le Fils a la vie; celui qui n'a pas le Fils de Dieu n'a pas la vie. Je vous ai écrit ces choses, à vous qui croyez au nom du Fils de Dieu, afin que vous sachiez que vous avez la vie éternelle, et que vous croyiez au nom du Fils de Dieu."

Il est important de voir que Jean utilise le présent: "Celui qui a le Fils a la vie." "Vous qui croyez-vous avez (déjà) la vie éternelle."

Paul parle également de cette vie en Christ en des termes vifs et concis dans Philippiens 1:21: "Car Christ est ma vie" et dans Colossiens 3:4: "Christ, notre vie..." Pour Paul, comme pour Jean, il s'agit d'une réalité présente et non pas d'une espérance à venir.

Voici donc l'essence du message de l'Evangile. Il existe une vie éternelle divine qui trouve sa source en Dieu seul. Celui-ci nous a donné cette vie en Jésus-Christ. Lorsque nous recevons Jésus par la foi dans nos cœurs et que nous lui abandonnons nos vies dans la pleine obéissance, nous recevons en lui la vie même de Dieu. Celle-ci n'est pas réservée à un autre monde ou à une existence future; elle est ce que nous expérimentons ici et maintenant. "Celui qui a le Fils a la vie." Il l'a à l'instant même et jusque dans l'éternité. La vie éternelle est à nous à partir du moment où nous mettons vraiment notre foi en Jésus-Christ.

Ayant reçu cette nouvelle vie par la foi en Christ, nous sommes mis au défi de la manifester concrètement jour après jour. Comment pouvons-nous le faire? La réponse est simple: par la foi. Cela est également contenu dans le thème d'introduction de Paul: "Le juste vivra par sa foi." Du point de vue pratique, le verbe "vivre" est l'un des plus complets que nous puissions utiliser. Tout ce que nous faisons à n'importe quel moment est inclus dans ce verbe: manger, boire, dormir, travailler, et d'innombrables autres activités nécessaires à la vie. Par la foi, chacune de ces activités ordinaires peut devenir une façon d'exprimer la vie de Dieu que nous avons reçue en nous.

Nous sommes souvent enclins à affirmer que les actions terre à terre de la vie quotidienne n'ont pas de signification spirituelle et n'offrent pas d'intérêt du point de vue de l'application de notre foi. Mais, en fait, l'Ecriture nous enseigne le contraire. C'est seulement après avoir appliqué notre foi aux domaines simples et matériels de la vie que Dieu nous donnera des responsabilités plus grandes. Jésus lui-même énonce ce principe dans Luc 16:10-11: "Celui qui est fidèle dans les moindres choses l'est aussi dans les grandes. Et celui qui est injuste dans les moindres choses l'est aussi dans les grandes. Si donc vous n'avez pas été fidèles dans les richesses injustes, qui vous confiera les véritables?"

Ce n'est que lorsque nous avons mis en œuvre notre foi dans les petites choses et dans le domaine de l'argent que Dieu nous confiera de plus grandes responsabilités et les véritables richesses spirituelles.

En examinant comment nous pouvons exercer notre foi dans la vie quotidienne, nous allons considérer deux domaines pratique et terre à terre qui sont la nourriture et les finances. Après de nombreuses années d'observation personnelle, j'en suis arrivé à la conclusion qu'un chrétien ayant appris à appliquer sa foi dans ces deux sphères a des chances de mener une vie chrétienne victorieuse. En revanche, si une personne ne les a pas mises sous le contrôle de Dieu, c'est en général une indication que sa vie tout entière a besoin d'ajustement.

Manger par la foi

Nous avons déjà dit que le "troisième mouvement" de la symphonie de l'épître aux Romains est centré sur l'application concrète de notre foi et commence au début du chapitre 12. Avec quoi commence-t-il? Avec quelque chose de lointain ou d'éthéré? Non! Au contraire, il commence au tout premier verset, avec nos corps: "Je vous exhorte donc, frères, par les compassions de Dieu, à offrir vos corps comme un sacrifice vivant, saint, agréable à Dieu, ce qui sera de votre part un culte raisonnable." (Romains 12:1)

Paul nous dit que notre "service spirituel d'adoration" consiste à présenter nos corps à Dieu. Autrement dit, être spirituel, c'est être très pratique et terre à terre. Cela commence avec ce que nous faisons avec notre corps! (Dans le chapitre dix, nous verrons en détail les conséquences découlant de cette offrande.)

A partir de là, Paul continue à parler des différents thèmes pratiques en relation avec la vie chrétienne. Au chapitre 14, il traite du sujet de la nourriture. (Bien entendu, il n'existe pas d'objet plus important pour nos corps physiques que celui-ci!) Il considère deux types de chrétiens: "Tel croit pouvoir manger de tout, tel autre qui est faible ne mange que des légumes." (Romains 14:2) Paul ne pose pas le sujet en disant qu'il est juste de manger des légumes et mauvais de manger de la viande, et inversement. Il dit plutôt que tout ce que nous faisons dans la foi est juste, et tout ce que nous ne pouvons pas faire dans la foi est mauvais. Il affirme cette conclusion dans Romains 14:23: "Mais celui qui a des doutes au sujet de ce qu'il mange est condamné, parce qu'il n'agit pas par conviction. Tout ce qui ne résulte pas de la foi est péché."

Par sa dernière affirmation, Paul va plus loin que la simple question de manger de la viande ou des légumes, et réaffirme le principe qu'il a donné au début de cette épître. Dans Romains 1:17, il affirme clairement: "Le juste vivra par sa foi." Ici, dans Romains 14:23, il énonce le même principe de façon négative: "Tout ce qui ne résulte pas de la foi est péché." Que ce soit dit de façon positive ou négative, la conclusion est la même: la foi est le seul fondement pour une vie de justice.

Acceptons donc ce défi d'appliquer notre foi à notre nourriture. Il nous est demandé de "manger par la foi". Voici une phrase plutôt étrange. Comment pouvons-nous l'appliquer concrètement? Il y a différentes choses qui sont impliquées. Tout d'abord, cela signifie que nous reconnaissons notre dépendance envers Dieu pour notre nourriture. Nous la recevons comme un don de sa part. S'il ne nous la donnait pas, nous serions affamés.

Ensuite, conséquence logique, nous remercions Dieu pour notre nourriture. Le remercier pour notre nourriture produit en retour une troisième conséquence, que Paul explique dans 1 Timothée 4:4-5: "Car tout ce que Dieu a créé est bon, et rien ne doit être rejeté, pourvu qu'on le prenne avec actions de grâces, parce que tout est sanctifié par la parole de Dieu et par la prière."

Si nous recevons notre nourriture de Dieu avec une prière de reconnaissance, elle est "sanctifiée"; elle devient en fait sainte, prévue par Dieu pour nous faire du bien. Même s'il y avait des ingrédients impurs ou dangereux au départ, leur effet est annulé par notre foi, exprimée dans la prière de reconnaissance.

De plus, "manger par la foi" a des implications qui vont au-delà de la table. Notre nourriture est la source de notre force naturelle, et Dieu est la source de notre nourriture. Donc, notre force est elle-même un don de Dieu. Nous ne sommes pas libres de l'utiliser de façon égoïste ou inique, mais nous sommes dans l'obligation de la consacrer au service et à la gloire de Dieu.

Si nous appliquons ce principe de foi à notre nourriture, tout ce domaine de notre vie prend une nouvelle signification. Nous comprenons comment Paul pouvait exhorter les chrétiens de Corinthe: "Soit donc que vous mangiez, soit que vous buviez, soit que vous fassiez quelque autre chose, faites tout pour la gloire de Dieu." (1 Corinthiens 10:31) Par la foi, même nos repas quotidiens prennent la forme d'un sacrement pour la gloire de Dieu. Cela a été l'un des effets les plus évidents et immédiats produit dans les vies des premiers chrétiens par l'effusion du Saint-Esprit le jour de la Pentecôte. Leurs repas sont devenus des fêtes spirituelles d'adoration et de louange. Luc nous le conte dans Actes 2:46-47: "Ils étaient chaque jour tous ensemble assidus au temple, ils rompaient le pain dans les maisons, et prenaient leur nourriture avec joie et simplicité de cœur, louant Dieu et trouvant grâce auprès de tout le peuple. Et le Seigneur ajoutait chaque jour à l'Eglise ceux qui étaient sauvés."

Il y avait quelque chose de tellement différent dans la façon dont les chrétiens prenaient leurs repas, que cela leur donnait la faveur des voisins et les amenait au Seigneur. Cela peut aussi se produire pour nous aujourd'hui si nous mettons en œuvre notre foi dans le domaine de la nourriture!

Si les conséquences du fait de "manger par la foi" sont aussi profondes, quelles sont celles encourues si nous ne le faisons pas? Pour avoir une image vivante de l'homme qui ne mange pas par la foi, nous pouvons nous tourner vers le livre de l'Ecclésiaste. (Peu de chrétiens prennent le temps de lire l'Ecclésiaste, mais lorsqu'il est interprété à la lumière d'autres passages plus familiers, nous voyons qu'il contient de réels trésors.) Tout au long de ce livre, Salomon est décrit comme ce que la Bible appelle ailleurs "l'homme naturel", c'est-à-dire l'homme qui, par son incrédulité, vit sa vie sans la grâce et la connaissance de Dieu. Dans Ecclésiaste 5:16, Salomon décrit un tel homme à table: "De plus, toute sa vie il mange dans les ténèbres, et il a beaucoup de chagrin, de maux et d'irritation."

Quelle parole frappante! "Il mange dans les ténèbres." Qu'est-ce que cela veut dire? Cela signifie exactement l'opposé de manger par la foi. Un tel homme ne reconnaît pas que sa nourriture est un don de Dieu; il ne remercie pas Dieu pour cela et elle n'est donc ni bénie ni sanctifiée. Quel est le résultat? "Beaucoup de chagrin, de maux et d'irritation." Manger sans foi, c'est ouvrir la porte au chagrin, aux maux et à l'irritation.

Nous avons examiné comment le principe de la foi s'applique à l'une de nos activités les plus courantes qui est celle de manger. Nous pouvons maintenant mieux comprendre l'étendue de Romains 1:17: "Le juste vivra par sa foi." La foi, nous le voyons maintenant, est le canal de la vie divine. Plus nous l'exerçons, plus nous aimons la vie. Chaque activité pour laquelle nous la mettons en œuvre devient perméable à la vie divine. Elle n'est plus ni monotone ni banale; elle devient fraîche, excitante, joyeuse, une occasion de louange et d'adoration!

La foi pour nos finances

Le domaine matériel et financier est un autre domaine de notre vie quotidienne pour lequel nous avons besoin d'appliquer le principe de la foi. La Bible tout entière est remplie d'assurances et d'exemples de la capacité de Dieu à pourvoir aux besoins de ses enfants, même dans des situations où il n'existe pas de source d'approvisionnement humain ou naturel. Le passage qui l'affirme avec le plus d'emphase se trouve dans 2 Corinthiens 9:8: "Et Dieu peut vous combler de toutes sortes de grâces, afin que, possédant toujours en toutes choses de quoi satisfaire à tous vos besoins, vous ayez encore en abondance pour toute bonne œuvre." Il est utile d'examiner attentivement ce verset. Là où la version anglaise utilise "chaque", le grec dit "tous". Dans le texte original, le mot "abonde" apparaît deux fois et le mot "tous" cinq. Il est difficile de voir combien le langage peut exprimer avec plus de force la capacité de Dieu à pourvoir à tous les besoins de son peuple dans tous les domaines; il ne prévoit pas la suffisance, mais l'abondance.

Il y a en fait trois niveaux sur lesquels les gens peuvent vivre: l'insuffisance, la suffisance et l'abondance. Nous pourrions illustrer cela par l'exemple d'une ménagère allant faire ses courses chez l'épicier. Si elle a besoin de quinze francs pour faire ses courses et qu'elle n'en a que dix dans son porte-monnaie, elle est dans l'insuffisance. Si elle a besoin de quinze francs pour faire ses courses et qu'elle en a tout juste quinze, cela est suffisant. Si elle a besoin de quinze francs pour faire ses courses et qu'elle en a vingt, elle est dans l'abondance.

Dans cet exemple plutôt simple, nous avons décrit une ménagère faisant ses courses en francs. Cependant, il faut souligner que l'abondance ne dépend pas nécessairement de l'argent ou de la possession matérielle. L'abondance signifie simplement que Dieu pourvoit à tout ce dont nous avons besoin, avec en plus de quoi donner aux autres. Le parfait exemple de cette forme d'abondance nous est donné par Jésus lui-même. Il n'avait pas de lieu de résidence fixe, aucune possession matérielle, pas de grosses sommes d'argent (bien que Judas, l'un de ses disciples, ait une bourse où l'on mettait les contributions (voir Jean 12:6, 13:29). Pourtant Jésus n'a jamais manqué de rien, ni pour lui ni pour ceux qui l'accompagnaient.

Lorsque Pierre a eu besoin d'argent pour payer ses impôts, Jésus ne lui a pas dit d'aller demander à Judas et d'en prendre dans la bourse. Au contraire, il l'a envoyé vers la mer de Galilée pour le prendre dans la bouche d'un poisson (voir Matthieu 17:24-27). Cela soulève une question intéressante. Qu'est-ce qui est plus facile: aller à la banque et verser le montant d'un chèque ou aller vers la mer et jeter un hameçon? La dernière solution est certainement la plus excitante!

En d'autres occasions, Jésus s'est trouvé entouré d'une foule d'environ douze mille personnes affamées (voir Jean 6:5-13). Il a pris cinq pains et deux poissons à un petit garçon, a rendu grâces au Père. Il a ainsi été capable de nourrir toute la foule et a eu encore douze grands paniers de restes. Voilà l'abondance! C'est également une démonstration de départ des effets surnaturels de l'action de grâce pour notre nourriture!

Plus tard, Jésus a envoyé ses disciples pour qu'ils commencent à prêcher, mais leur a interdit de prendre du superflu (voir Luc 9:1-3, 10:1-4). A la fin de son ministère terrestre, il le leur a rappelé et leur a demandé s'ils avaient manqué de quelque chose. Ils ont répondu par la négative (Luc 22:35). Voilà l'abondance! J'ai moi-même servi le Seigneur, en tant que missionnaire, de nombreuses fois dans différents pays. Je sais, par expérience personnelle, qu'il est possible pour un missionnaire d'avoir une maison, une voiture et un salaire, et de manquer de beaucoup de choses nécessaires. La clé pour l'abondance, ce ne sont ni l'argent ni les possessions matérielles, mais la foi!

Face à ces exemples de la vie de Jésus, nous pourrions être d'abord tentés de dire: "Mais c'était Jésus! Nous ne pouvons pas nous attendre à faire comme lui!" Cependant, Jésus nous dit le contraire dans Jean 14:12: "En vérité, en vérité, je vous le dis, celui qui croit en moi fera les œuvres que je fais..." L'apôtre Jean, témoin de tout ce qu'a fait Jésus, nous dit: "Celui qui dit qu'il demeure en lui doit marcher aussi comme il a marché lui-même." (1 Jean 2:6) Jésus nous a donné le modèle pour la marche par la foi et nous sommes invités à le suivre.

Si nous hésitons encore à accepter ce défi, ce peut être parce que nous ne comprenons pas l'ampleur de la grâce de Dieu. Dans 2 Corinthiens 9:8, le mot clé est "grâce": "Et Dieu peut vous combler de toutes sortes de grâces..." Dieu ne donne pas en fonction de notre sagesse ou de nos capacités, mais par la grâce. Donc, afin de tirer avantage de cet enseignement, nous devons comprendre deux principes fondamentaux qui gouvernent l'œuvre de la grâce.

Le premier est affirmé dans Jean 1:17: "Car la loi a été donnée par Moïse, la grâce et la vérité sont venues par Jésus-Christ." La grâce n'a qu'un canal: Jésus-Christ. Nous ne la recevons pas par l'observation d'un système légal ou religieux, mais uniquement et invariablement en Christ.

Le second principe est affirmé dans Ephésiens 2:8-9: "Car c'est par la grâce que vous êtes sauvés, par le moyen de la foi [...] Ce n'est point par les œuvres, afin que personne ne se glorifie." La grâce va au-delà de ce que nous pourrions accomplir ou gagner par nos capacités. La seule façon dont nous pouvons nous l'approprier est la foi; tant que nous nous limitons à ce que nous méritons ou gagnons, nous manquons d'exercer la foi et nous ne profitons pas pleinement de la grâce de Dieu.

Comment ces principes s'appliquent-ils dans le domaine des finances? Tout d'abord, nous devons souligner que Dieu ne bénit jamais la malhonnêteté, la paresse ou l'irresponsabilité financière. Dans Proverbes 10:4, il nous est dit: "Celui qui agit d'une main lâche s'appauvrit, mais la main des diligents enrichit." Dans Ephésiens 4:28, Paul dit: "Que celui qui dérobait ne dérobe plus; mais plutôt qu'il travaille, en faisant de ses mains ce qui est bien, pour avoir de quoi donner à celui qui est dans le besoin." Dieu s'attend à ce que, selon nos capacités, nous nous engagions dans un travail honnête non seulement pour gagner assez pour nous-mêmes, mais également pour avoir quelque chose à partager avec ceux qui sont dans le besoin. Dans 2 Thessaloniciens 3:10, Paul est encore plus catégorique: "Si quelqu'un ne veut pas travailler, qu'il ne mange pas non plus." La provision de la grâce de Dieu n'est offerte ni aux malhonnêtes ni aux paresseux.

Il peut cependant arriver que, bien qu'ayant fait honnêtement et consciencieusement tout notre possible pour pourvoir à nos besoins et à ceux de notre famille, nous ayons juste assez, voire insuffisamment. Le message de grâce est de ne pas accepter cela comme la volonté de

Dieu. Nous pouvons tourner notre foi vers Dieu par Jésus-Christ et lui faire confiance pour nous élever comme bon lui semble, vers un niveau supérieur à ce que nous aurions pu faire par notre sagesse ou nos capacités. Dieu pourvoit aux besoins de tout le corps

Avant de terminer sur ce sujet, il existe un autre principe important que nous devons reconnaître, celui que Dieu pourvoit aux besoins de son peuple dans le cadre de son corps. Il ne nous traite pas simplement comme des individus isolés, mais comme des membres d'un corps unique, unis les uns aux autres par des liens forts d'engagement mutuel. Dans Ephésiens 4:15-16, après avoir présenté Christ comme la tête de son corps, Paul décrit comment Dieu veut qu'il fonctionne: "C'est de lui, et grâce à tous les liens de son assistance, que tout le corps, bien coordonné et formant un solide assemblage, tire son accroissement selon la force qui convient à chacune de ses parties, et s'édifie lui-même dans la charité."

Paul souligne ici l'importance des articulations. Elles ont deux fonctions qui sont d'abord de maintenir le corps ensemble, et ensuite d'être le canal de l'approvisionnement.

Les liens (ou articulations) représentent la relation entre les différents membres. Si tout est en ordre, la provision de Dieu peut atteindre chacune des parties du corps et aucun membre ne manque de quoi que ce soit. S'ils ne fonctionnent pas correctement, c'est-à-dire si les membres ne sont pas correctement reliés les uns aux autres, alors il y aura des parties du corps de Christ qui souffriront de manque. Cela arrivera non pas parce que Dieu ne pourvoit pas correctement, mais uniquement à cause de nos mauvaises attitudes et de nos relations empêchant que sa provision atteigne ceux qui en ont besoin.

Dans l'Ancien Testament, lorsque Dieu fait sortir Israël d'Egypte, il enseigne à son peuple ce principe de façon très pratique. Deux ou trois millions de personnes se trouvent dans un désert, sans aucun moyen naturel d'avoir de la nourriture. Pour pourvoir à leurs besoins, Dieu envoie la manne qui tombe chaque soir. Le matin, le peuple doit sortir et la ramasser avant que le soleil ne la fasse moisir. La quantité pour chaque personne était d'un omer. Quand elle tombait, certains Israélites ont ramassé plus d'un omer, d'autres moins. Puis ils l'ont partagée et ont découvert que chacun avait juste assez, précisément un omer (voir Exode 16:14-18)! Cependant, s'ils n'avaient pas voulu partager ainsi, certains n'auraient pas eu assez. Evidemment, Dieu aurait pu s'arranger pour que chacun puisse ramasser ce dont il avait besoin pour lui-même. Mais il ne l'a pas fait, parce qu'il voulait enseigner à son peuple sa responsabilité les uns envers les autres.

Ce principe continue dans le Nouveau Testament. Dans 2 Corinthiens 8, Paul parle d'une collecte spéciale qu'il effectue dans les églises de Macédoine et d'Achaïe pour les croyants juifs dans le besoin en Judée. Il explique aux Corinthiens que le plan de Dieu consiste à pourvoir également aux différentes parties du corps de Christ sans léser l'une ni accabler les autres. Afin de renforcer ce principe, il cite l'exemple d'Israël qui a partagé la manne dans le désert. Dans les versets 13 à 15, il dit: "Car il s'agit non de vous exposer à la détresse pour soulager les autres, mais de suivre une règle d'égalité: dans la circonstance présente votre superflu pourvoira à leurs besoins, afin que leur superflu pourvoie pareillement aux vôtres, en sorte qu'il y ait égalité, selon qu'il est écrit: celui qui avait ramassé beaucoup n'avait rien de trop, et celui qui avait ramassé peu n'en manquait pas." (Paul cite ici directement Exode 16:18.)

C'était ainsi que fonctionnait la communauté des premiers chrétiens à Jérusalem après l'effusion du Saint-Esprit. Dans Actes 4:32-35, Luc raconte: "La multitude de ceux qui avaient cru n'était qu'un cœur et qu'une âme. Nul ne disait que ses biens lui appartenaient en propre, mais tout était commun entre eux. Les apôtres rendaient avec beaucoup de force témoignage de la résurrection du Seigneur Jésus; une grande grâce reposait sur eux tous, car il n'y avait parmi eux aucun indigent; tous ceux qui possédaient des champs ou des maisons les vendaient, apportaient le prix de ce qu'ils avaient vendu et le déposaient aux pieds des apôtres; la distribution se faisait et chacun recevait selon ses besoins."

Il y a trois affirmations qui vont ensemble dans ce passage: "les apôtres rendaient avec beaucoup de force témoignage de la résurrection du Seigneur Jésus", "une grande grâce reposait sur eux tous" et "il n'y avait parmi eux aucun indigent". Le témoignage verbal des apôtres était renforcé par la grâce visible reposant sur les chrétiens; le résultat concret a été que tous leurs besoins ont été satisfaits. En ce sens, tout le corps du peuple de Dieu est un témoignage unique et harmonieux de la suffisance complète de sa grâce dans tous les domaines de sa vie.

Le monde aujourd'hui a besoin d'une démonstration similaire venant d'un ensemble de chrétiens qui sont si proches de Dieu par la foi en Christ, et les uns des autres par un engagement mutuel, que tous leurs besoins sont satisfaits.

Aucune alternative à la foi

Il y a deux facettes à notre relation avec Dieu, et l'Ecriture souligne autant les deux. Du côté positif, comme nous l'avons vu, Dieu nous donne sa grâce abondante sur le fondement de notre foi. Du côté négatif, Dieu rejette tout autre fondement par lequel nous chercherions à l'approcher. Aucun passage ne l'exprime avec autant de force que celui d'Hébreux 11:6: "Or, sans la foi il est impossible de lui être agréable; car il faut que celui qui s'approche de Dieu croie que Dieu existe et qu'il est le rémunérateur de ceux qui le cherchent."

Si l'on nous demandait ce qu'il faut pour plaire à Dieu, peu d'entre nous donnerait la réponse que nous donne ici l'Ecriture. Le plus souvent, les gens essaient de plaire à Dieu sur d'autres fondements que la foi, comme par la moralité, par les bonnes œuvres, par l'adhésion à une église, par des contributions charitables, par la prière ou par d'autres activités religieuses. Sans la foi, aucune n'est acceptable devant Dieu. Peu importe ce que nous faisons d'autre ou combien nos motivations sont bonnes, peu importe si nous sommes sincères ou zélés, il n'y a pas d'alternative à la foi; sans elle, nous ne pouvons plaire à Dieu. C'est impossible!

Nous nous retrouvons devant l'unique et immuable condition de Dieu: "Celui qui s'approche de Dieu doit croire." Il y a deux choses que nous devons croire. La première est que Dieu **est**. La plupart des gens croient que Dieu existe, mais cela n'est pas suffisant en soi; nous devons aussi croire que Dieu est le "rémunérateur de ceux qui le cherchent". Cela va plus loin que de croire à l'existence de sa nature. Il nous est demandé de croire à la bonté essentielle de Dieu, à sa fidélité et à avoir confiance en lui. Croire en Dieu de cette manière nous emmène au-delà d'une simple doctrine ou d'une théologie; cela établit une relation personnelle et directe entre Dieu et celui qui croit.

Dans le chapitre un, nous avons dit que la foi nous relie à deux objets invisibles qui sont Dieu et sa Parole. Le dernier objet de la foi n'est rien d'autre que Dieu lui-même. Notre confiance en sa Parole repose sur notre confiance en lui en tant que personne. Si nous cessons de croire en Dieu, nous cesserons également de croire en sa Parole.

Il est important de réaliser que croire simplement en une forme de doctrine ou de théologie n'est pas le but en soi. Ceux dont la foi ne va pas plus loin que cela ne connaîtront jamais la plénitude et la richesse de vie que Dieu nous offre. Son but final est de nous amener à une relation immédiate et intime avec lui-même. Une fois cela établi, cette communion motive, dirige et soutient tout ce que nous faisons; elle devient à la fois la source et le but suprême de la vie. Ainsi interprétée, la prophétie d'Habakuk, "le juste vivra par sa foi", nous amène non pas à un credo ou à une théologie, mais à une communion intime, continuelle et entière avec Dieu lui-même.

C'est ce type de relation que David évoquait dans le Psaume 23:1: "L'Eternel est mon berger, je ne manquerai de rien." David n'explique pas une théologie; il décrit une relation. Sur le fondement de sa communion avec l'Eternel en tant que berger, il déclare: "Je ne manquerai de rien." Quelle merveilleuse expression de sécurité personnelle totale! Cela couvre tous les besoins, toutes les situations. David aurait pu ajouter d'autres paroles; il aurait pu dire: " Je ne manquerai pas d'argent... ou de nourriture... ou d'amis... ou de force..." Mais cela aurait alors affaibli le sens de ses paroles. "Je ne manquerai de rien", c'est mieux exprimé et cela ne laisse aucune place pour un manque quelconque.

Je suis impressionné par la façon dont l'Ecriture exprime les plus profondes vérités par les paroles les plus simples. Dans l'hébreu original, le Psaume 23:1 ne contient que quatre mots. Même dans la traduction anglaise, qui compte neuf mots (en français il y en a cinq, n.d.t.), un seul possède plus d'une syllabe (en français également, n.d.t.). Pourtant, ces quelques mots concis décrivent une relation si profonde et si forte qu'elle comprend tous les besoins que nous pourrions avoir, dans la vie et dans la mort, dans le temps et dans l'éternité.

Le principal péché: l'incrédulité

Nous avons vu que la justice procède toujours et uniquement de la foi. Nous allons maintenant étudier que l'inverse est également vrai, que le péché n'a qu'une seule source qui est l'incrédulité.

Dans Jean 16:8, Jésus dit que le ministère du Saint-Esprit convaincra le monde à propos de trois choses qui sont le péché, la justice et le jugement. "Et quand il sera venu, il convaincra le monde en ce qui concerne le péché, la justice et le jugement." Puis, au verset suivant, Jésus définit le péché spécifique dont le Saint-Esprit convaincra le monde "en ce qui concerne le péché, parce qu'ils ne croient pas en moi". Le premier péché dont le monde entier est coupable, c'est l'incrédulité. C'est la racine de tous les autres péchés.

Hébreux 3 traite spécifiquement du péché d'incrédulité. L'auteur nous rappelle que toute une génération du peuple de Dieu est sortie d'Egypte sous Moïse, mais n'est jamais entrée dans la Terre promise. Au lieu de cela, elle a péri dans le désert.

Au verset 12, l'auteur applique cette tragique leçon d'Israël à nous, chrétiens: "Prenez garde, frères, que quelqu'un de vous n'ait un cœur mauvais et incrédule au point de se détourner du Dieu vivant." La plupart des chrétiens ont tendance à voir l'incrédulité comme quelque chose de regrettable, mais sans danger réel. Il nous est pourtant dit qu'un cœur incrédule est un cœur mauvais. L'incrédulité est mauvaise, parce qu'elle nous fait nous détourner de Dieu. Tout comme la foi établit une relation personnelle avec Dieu, ainsi l'incrédulité la détruit. Les deux ont exactement des effets opposés.

Au verset 13, l'auteur continue: "Mais exhortez-vous les uns les autres chaque jour aussi longtemps qu'on peut dire: aujourd'hui! afin qu'aucun de vous ne s'endurcisse par la séduction du péché." L'incrédulité endurcit nos cœurs envers Dieu et nous expose ainsi à la tromperie du péché et de Satan. Cet avertissement envers le danger de l'incrédulité est pressant. L'auteur l'applique pour aujourd'hui. Cela nous concerne, nous, chrétiens aujourd'hui, tout autant que les Israélites qui sont sortis d'Egypte avec Moïse. Les effets de l'incrédulité sont aussi mortels pour nous qu'ils l'étaient pour eux.

Enfin, dans les versets 17 à 19, Paul résume l'échec d'Israël et en affirme la cause: "Et contre qui Dieu fut-il irrité pendant quarante ans, sinon contre ceux qui péchaient, et dont les cadavres tombèrent dans le désert? Et à qui jura-t-il qu'ils n'entreraient pas dans son repos, sinon à ceux qui avaient désobéi? Aussi voyons-nous qu'ils ne purent y entrer à cause de leur incrédulité."

Remarquez la fin, "à cause de leur incrédulité". Ces Israélites s'étaient rendu coupables de nombreux péchés tels que la fornication, l'idolâtrie, les murmures, la rébellion, etc. Mais le péché spécifique qui les a empêché de rentrer dans leur héritage était l'incrédulité, qui est la source de tous les autres péchés.

Cela peut être démontré logiquement une fois que nous avons compris que la foi véritable est fondée sur la nature même de Dieu, sa bonté, sa sagesse et sa puissance; alors nous ne lui désobéirons plus. Si, dans chacune des situations, nous pouvions croire que Dieu est bon, qu'il ne veut que le meilleur pour nous, qu'il a la sagesse pour connaître ce qui est le meilleur et la puissance pour l'accomplir, alors nous n'aurions plus aucun motif de désobéissance. Toute désobéissance envers Dieu nous ramène donc à son origine, qui est l'incrédulité.

En dernier ressort, seules deux attitudes envers Dieu sont possibles: la foi qui nous unit à lui ou l'incrédulité qui nous en sépare, l'une excluant l'autre. Dans Hébreux 10:38-39, l'auteur cite encore une fois la prophétie d'Habakuk et nous met face aux deux alternatives: "**Et le juste vivra par sa foi, mais s'il se retire, mon âme ne prend point plaisir en lui.** Nous, nous ne sommes pas de ceux qui se retirent pour se perdre, mais de ceux qui ont la foi pour sauver leur âme."

Une fois que nous nous sommes engagés dans cette vie fondée sur la foi, nous ne pouvons plus supporter de nous en éloigner. Retourner à l'incrédulité ne conduit qu'aux ténèbres et à la destruction. Pour aller de l'avant, nous devons continuer comme nous avons commencé – dans la foi!

Résumé

Le message de salut et de justice du Nouveau Testament est fondé sur Habakuk 2:4: "Le juste vivra par sa foi." Par la foi en Jésus-Christ, nous recevons instantanément de Dieu une nouvelle vie qui est divine, éternelle et juste. Si nous continuons à appliquer notre foi dans les divers domaines de notre vie, ils deviennent perméables et sont transformés par cette nouvelle vie de Dieu.

Tout d'abord, le principe de la foi doit être mis en œuvre dans les choses simples et pratiques. Dans Romains 14, Paul l'applique à la nourriture. Il parle du cas de deux chrétiens qui ne sont pas d'accord sur ce que l'on doit ou ne doit pas manger. Il conclut que ce qui est important ce n'est pas ce que nous mangeons, mais bien plutôt de manger dans la foi.

"Manger dans la foi", cela veut d'abord dire que nous recevons notre nourriture comme un don de Dieu, ensuite que nous le remercions pour cela, puis que notre nourriture est ainsi sanctifiée, enfin que nous consacrons la force que nous recevons de cette nourriture pour le service et pour la gloire de Dieu. La foi transforme donc l'activité banale de manger en un sacrement.

Un autre domaine dans lequel il nous faut appliquer notre foi est celui des finances et des possessions matérielles. Par Christ, la grâce de Dieu nous donne l'abondance, c'est-à-dire qu'il promet de pourvoir à tous nos besoins en ayant un petit peu plus pour les autres. Cependant, l'abondance ne dépend pas nécessairement de l'argent ou des possessions matérielles, mais uniquement de la foi. Le modèle de l'abondance sans argent ni possession est donné par Jésus lui-même, et nous sommes mis au défi de suivre son exemple. Parallèlement, nous sommes mis en garde contre la paresse, la malhonnêteté et l'irresponsabilité.

Pour tout le peuple de Dieu partageant son abondance, nous ne devons pas nous considérer simplement comme des individus isolés, mais comme des membres d'un même corps. Dieu a enseigné cette leçon à Israël par la manne avec laquelle il a nourri son peuple dans le désert. Pour que chacun ait assez, les Israélites ont tous dû partager ce qu'ils avaient ramassé. Il en va de même pour le corps de Christ; si notre attitude et notre communion sont bonnes, nous partageons les uns avec les autres et il y en a assez pour tout le monde. Mais une attitude et une communion mauvaises peuvent empêcher certaines zones du corps de recevoir pleinement ce dont elles ont besoin.

Après que le Saint-Esprit a été répandu sur les premiers chrétiens à Jérusalem, les conséquences pratiques de leur foi ont été manifestées dans les deux domaines que nous avons mentionnés et qui sont la nourriture et les finances. Leurs repas sont devenus des sacrements accompagnés de louanges et d'adoration. Ils ont mis leur argent à la disposition des autres de telle sorte qu'"il n'y avait plus d'indigent parmi eux". La grâce de Dieu ainsi manifestée dans leur vie quotidienne a aidé à amener leurs voisins à Christ.

Dieu n'offre pas d'alternative à la foi, seul fondement pour s'approcher de lui. Cela ne suffit pas de croire à son existence; nous devons croire en sa bonté essentielle. Cela nous amène au-delà d'une simple théologie vers une communion directe intime avec Dieu en tant que personne, ce qui nous garantit que Dieu pourvoit à nos besoins et nous assure la sécurité.

Le péché n'a qu'une seule source: l'incrédulité. Si nous avons une foi complète et ferme en la bonté, la sagesse et la puissance de Dieu, nous n'aurons aucune raison de pécher. L'auteur de l'épître aux Hébreux montre que c'est l'incrédulité qui a empêché les Israélites de voir le Pays promis du temps de Moïse, et il a averti les chrétiens contre cette même erreur fatale.

En dernier ressort, il n'existe que deux attitudes possibles envers Dieu: la foi qui nous unit à lui ou l'incrédulité qui nous sépare de lui.

* * * * * * *

CHAPITRE 6

COMMENT VIENT LA FOI

Dans les chapitres précédents, nous avons affronté le défi de la condition sine qua non de Dieu pour la foi: "Le juste vivra par sa foi [...] Tout ce qui ne vient pas de la foi est péché [...] Sans la foi il est impossible de lui être agréable [...] Celui qui s'approche de Dieu doit croire..." A la lumière de ces conditions divines, nous pouvons facilement voir que l'Ecriture compare la foi à l'or le plus précieux; sa valeur est unique, rien ne peut la remplacer. Sans elle, nous ne pouvons nous approcher de Dieu, nous ne pouvons lui plaire, nous ne pouvons recevoir sa vie.

Alors, comment pouvons-nous acquérir la foi? Est-ce quelque chose d'imprévisible et d'inexplicable sur lequel nous n'avons aucun contrôle? Ou est-ce que la même Bible qui nous présente les conditions de Dieu pour la foi nous montre aussi la façon de l'acquérir?

Dans ce chapitre, mon but est de partager l'une des découvertes les plus importantes que j'ai faite dans la vie chrétienne. Tout comme la plupart des leçons qui m'ont été utiles dans la vie, je l'ai appris de façon difficile par mon expérience personnelle. Après une période de lutte et de souffrance, j'en suis ressorti avec cette perle de grand prix: j'avais appris comment vient la foi.

La lumière dans la sombre vallée

Lors de mon service dans l'armée britannique durant la Seconde Guerre mondiale, j'ai attrapé une infection chronique de la peau qui a duré douze mois et qui s'est achevée dans un hôpital militaire en Egypte. Mois après mois, j'étais de plus en plus convaincu que, dans ce climat désertique chaud, les médecins n'avaient pas les moyens de me guérir. Comme je venais de devenir chrétien et que j'avais été baptisé du Saint-Esprit, j'avais une communion réelle et personnelle avec Dieu. Je sentais que, quelque part, il devait avoir la solution à mon problème, mais je ne savais comment la trouver.

Sans arrêt, je me répétais: "Je sais que, si j'avais la foi, Dieu me guérirait." Et j'ajoutais toujours: "Mais je n'ai pas la foi." Chaque fois que je faisais cela, je me retrouvais dans ce que John Bunyan appelle "le bourbier du découragement", la vallée sombre et solitaire du désespoir. Un jour, un trait de lumière a percé mes ténèbres. Adossé à mon oreiller dans mon lit, je tenais la KJV de la Bible sur mes genoux. Mon regard a soudain été attiré par Romains 10:17: "Ainsi, la foi vient de ce qu'on entend, et ce qu'on entend vient de la parole de Dieu." Un mot unique a attiré mon attention; c'était "vient". Je ne retenais qu'un simple fait: la foi vient! Si je n'avais pas la foi, je pouvais l'acquérir!

Mais comment vient la foi? J'ai relu le verset: "La foi vient de ce qu'on entend, et ce qu'on entend vient de la parole de Dieu." J'avais déjà accepté la Bible comme étant la parole de Dieu; la source de la foi était donc entre mes mains. Mais que signifiait "entendre"? Comment pouvais-je entendre ce que la Bible avait à me dire?

J'ai alors décidé de revenir au début de la Bible et de la lire d'un bout à l'autre, livre par livre, dans l'ordre. Je me suis également muni d'un stylo bleu afin de souligner chaque passage traitant des thèmes suivants: la guérison, la santé, la force physique, une longue vie. Parfois, ce n'était pas facile, mais j'ai persévéré. J'ai été surpris de voir à combien de reprises je devais employer mon stylo.

Après environ deux mois, j'avais atteint le livre des Proverbes. Là, au quatrième chapitre, j'ai lu trois versets consécutifs que j'ai dû souligner: "Mon fils, sois attentif à mes paroles, prête l'oreille à mes discours, qu'ils ne s'éloignent pas de tes yeux. Garde-les dans le fond de ton cœur, car c'est la vie pour ceux qui les trouvent, c'est la santé pour tout leur corps." (Proverbe 4:20-22)

Tandis que je soulignais ces paroles, leur signification a commencé à germer en moi. "Mon fils..." C'était mon Père, Dieu, qui me parlait directement, à moi, son enfant. Le message était très personnel. Dieu me disait que ses "paroles" et ses "discours" pouvaient être pour moi "la santé pour tout mon corps". Comment aurait-il pu me promettre davantage que cela? "La santé" et "la maladie" s'opposaient, chacune excluant l'autre. Si je pouvais avoir la santé pour tout mon corps, alors il n'y aurait plus de place pour la maladie.

J'ai remarqué que, dans la marge de ma Bible, il y avait une autre traduction pour le mot "santé", et c'était le terme "médicament". La parole et les discours de Dieu pouvaient-ils vraiment être un médicament pour la guérison de tout mon corps? Après bien des débats intérieurs, j'ai décidé de faire un test. A ma demande, tous mes traitements ont été interrompus. Puis j'ai commencé à prendre la parole de Dieu comme si elle était un médicament. Etant donné que j'étais aide-soignant, j'avais l'habitude de la façon dont il fallait prendre les médicaments, c'est-à-dire "trois fois par jour après les repas". J'ai alors décidé de prendre la parole de Dieu comme un médicament, de la même façon.

Lorsque j'ai pris cette décision, Dieu m'a parlé dans mon esprit aussi clairement que si cela avait été audible: "Quand le médecin prescrit un médicament, les conseils d'utilisation sont sur le flacon. Voici mon flacon de médicament, et les conseils sont dessus. Tu devrais les lire."

En lisant les versets une fois de plus avec attention, j'ai vu qu'il y avait quatre conseils pour utiliser le médicament de Dieu. Le premier était "sois attentif". Je dois avoir une attention concentrée sur les paroles de Dieu lorsque je les lis.

Le deuxième était "prête l'oreille". Prêter l'oreille indique une attitude humble et prête à être enseignée. Je dois laisser de côté mes propres idées préconçues et mes préjugés, et recevoir avec un esprit ouvert ce que Dieu a à me dire.

Le troisième était "qu'ils ne s'éloignent pas de tes yeux". Je dois garder mes yeux fixés sur les paroles de Dieu; je ne dois pas leur permettre d'errer d'une affirmation à une autre, sources de conflits telles que des livres ou des articles qui ne sont pas fondées sur l'Ecriture.

Le quatrième était "garde-les au fond de ton cœur". Même lorsque les paroles ne sont plus sous mes yeux, je dois continuer à les méditer dans mon cœur, les retenant à la source et au centre de ma vie.

Il faudrait au moins un livre entier pour décrire tout ce qui s'est produit dans les mois qui ont suivi. L'armée m'a transféré d'Egypte au Soudan, pays connu pour avoir l'un des climats les plus épouvantables d'Afrique, où les températures avoisinent les cinquante-cinq degrés. La chaleur excessive aggravait encore mes problèmes de peau. Tout, dans ces circonstances, était contraire à ma guérison. Tout autour de moi, des hommes bien portants tombaient malades. Cependant, peu à peu, j'ai réalisé que l'accomplissement des promesses de Dieu ne dépendait pas des circonstances extérieures, mais qu'il fallait uniquement remplir ses conditions. J'ai alors continué simplement à prendre mon "médicament" trois fois par jour. Après chaque repas, j'inclinais ma tête vers ma Bible et je disais: "Seigneur, tu m'as promis que ces paroles seraient le médicament pour mon corps tout entier. Je les prends donc comme mon médicament maintenant, dans le nom de Jésus!"

Il n'y a eu aucun changement spectaculaire ou soudain. Je n'expérimentais rien qui puisse être décrit comme un "miracle". Mais après trois mois passés au Soudan, je me suis rendu compte que mon "médicament" avait fait le bien qu'il proclamait. Je me sentais parfaitement bien; il n'y avait plus du tout de trace de maladie sur mon corps. J'avais réellement et littéralement reçu "la santé pour tout mon corps".

Ce n'était pas non plus une sorte d'illumination, un genre d'illusion temporaire qui se serait vite envolée. Trente-cinq ans se sont écoulés depuis lors. A quelques rares exceptions près, j'ai continué à avoir une excellente santé. En regardant en arrière, je réalise qu'à travers cette période de mise à l'épreuve et de victoire possible, j'avais pris contact avec une source de vie supérieure au niveau naturel, qui est toujours à l'œuvre dans mon corps physique aujourd'hui.

Logos et rhema

J'ai décrit en détail les étapes qui m'ont conduit à la guérison et à la santé, car elles illustrent certains principes profonds et durables à propos de la nature de la parole de Dieu. Dans le grec original du Nouveau Testament, il existe deux mots différents tous deux traduits par "parole". L'un est "logos", l'autre "rhema". Parfois, les deux termes sont interchangeables, et pourtant chacun a une signification propre.

La pleine signification du mot "logos" va plus loin qu'un simple terme dit ou écrit; elle dénote des fonctions qui sont l'expression d'un esprit. Le dictionnaire grec Liddell et Scott le définit comme "la puissance de l'esprit qui est manifestée en parole, la raison". En ce sens, "logos" est la "parole de Dieu" immuable et qui existe par elle-même. C'est le conseil de Dieu établi dans l'éternité avant le commencement des temps et qui continue jusque dans l'éternité bien après la fin des temps. C'est bien entendu de ce "logos" divin dont David parle dans le Psaume 119:89 lorsqu'il dit: "A toujours, ô Eternel, ta parole subsiste dans les cieux." Rien de ce qui se passe sur la terre ne peut affecter ou changer cette parole qui est éternelle dans le ciel. D'autre part, "rhema" est dérivé d'un verbe qui signifie "parler", et dénote précisément une parole qui est dite, quelque chose qui se situe dans le temps et dans l'espace.

Dans Romains 10:17, lorsque Paul dit que "la foi vient de ce qu'on entend, et ce qu'on entend vient de la parole de Dieu" (je sais que, dans les versions modernes, les traducteurs de la KJV rendent ce verset ainsi: "La foi vient de ce qu'on entend, et ce qu'on entend vient de la parole de Christ". Cependant, que nous lisions "la parole de Dieu" ou "la parole de Christ" ne fait pratiquement aucune différence dans la façon dont vient la foi. C'est toujours la parole de Dieu qui vient à nous à travers Christ. Voir Jean 14:10), il utilise le mot "rhema" et pas "logos". Cela corrobore le fait qu'il associe "la parole" à "l'écoute". Logiquement, pour entendre une parole, il faut qu'elle soit dite.

Tandis que j'étais assis sur mon lit d'hôpital, la Bible ouverte sur les genoux, tout ce que j'avais devant moi – d'un point de vue matériel –, c'étaient des feuilles blanches avec des marques noires imprimées. Mais lorsque j'arrivais à ce qui est dit dans Proverbe 4 sur les paroles de Dieu et ses discours, qui sont la santé pour tout mon corps, ce n'étaient plus simplement des marques noires sur du papier blanc; le Saint-Esprit a pris les mots dont j'avais besoin à ce moment-là et leur a communiqué sa vie. Ils sont devenus "rhema" – quelque chose que je pouvais entendre –, une voix vivante qui parlait à mon cœur. C'était Dieu lui-même qui me parlait personnellement et directement. En entendant ses paroles, la foi m'est venue à travers elles.

Cela correspond à l'affirmation de Paul dans 2 Corinthiens 3:6: "La lettre tue, mais l'Esprit vivifie." En dehors du Saint-Esprit, il ne peut y avoir de "rhema". Dans la Bible, "logos", le conseil total de Dieu, m'est accessible. Mais le "logos" est trop vaste et trop complexe pour ma compréhension ou pour que je puisse l'assimiler entièrement. Le "rhema" est la façon dont le Saint-Esprit amène une petite partie du "logos" – qui vient de l'éternité – et l'applique à un moment donné à ma situation exacte, dans le temps présent et dans mon expérience. Par ce "rhema", le "logos" vient œuvrer dans ma vie et devient donc spécifique et personnel.

Dans cette transaction entre Dieu et l'homme par laquelle vient la foi, l'initiative revient à Dieu. Cela ne laisse aucune place à l'arrogance ou à la présomption de notre part. Au contraire, dans Romains 3:27, Paul nous dit que le fait de nous glorifier est exclu par la loi de la foi. C'est Dieu qui sait – bien mieux que nous – la part du "logos" total dont nous avons besoin à un moment donné. Par son Saint-Esprit, il nous dirige vers les mots qu'il nous faut précisément et leur communique sa vie, afin qu'ils deviennent un "rhema", une voix vivante. A ce stade, ce qui nous est demandé, c'est d'écouter. Dans la mesure où nous écoutons, nous recevons la foi.

Qu'implique l'écoute? Il est important que nous sachions aussi précisément que possible ce qui nous est demandé. Cela était également inclus dans la leçon que j'avais apprise à l'hôpital. Dans la sagesse de Dieu, les paroles qui me sont venues de Proverbe 4 ne satisfaisaient pas uniquement mes besoins physiques; elles fournissaient aussi un exemple complet et précis de ce que signifie "écouter" la parole de Dieu. Comme Dieu me l'a fait remarquer, le "conseil d'utilisation" de sa "bouteille de médicaments" était quadruple. Sois d'abord attentif, incline ensuite ton oreille, ne les éloigne alors pas de tes yeux, et enfin garde-les près de ton cœur. Sans le réaliser vraiment, tandis que je suivais ces quatre conseils, j'écoutais, et en conséquence la foi est venue.

Ecouter consiste donc en ces quatre choses:

1. Nous donnons une attention soutenue et entière à ce que Dieu nous dit par le Saint-Esprit. Par une décision ferme de notre volonté, nous excluons toute influence étrangère qui pourrait nous distraire.

2. Nous inclinons notre oreille. Nous adoptons une attitude humble, prêts à être enseignés par Dieu. Nous renonçons à nos préjugés et à nos idées préconçues et nous acceptons pleinement et pratiquement ce que Dieu dit.

3. Nous avons le regard fixé sur les paroles que Dieu nous donne. Nous ne lui permettons pas d'errer vers des affirmations venant d'autres sources qui pourraient contredire ses paroles.

4. Même lorsque les paroles ne sont plus devant nos yeux, nous continuons à les méditer dans notre cœur. Nous les retenons ainsi continuellement au plus profond de notre être et leur influence pénètre chaque domaine de notre vie.

Quand le "rhema" de Dieu vient à nous ainsi, il devient à la fois personnel et précis. Laissez-moi illustrer cela par ma propre expérience à l'hôpital. Dieu m'a parlé à ce moment-là comme à un individu dans une situation spécifique. Il m'a montré comment recevoir ma guérison. Je devais prendre ses paroles comme un médicament et arrêter tout traitement médical. J'ai obéi, et j'ai été guéri. Cependant, il aurait été faux de ma part de présumer que Dieu prescrirait nécessairement le même remède pour quelqu'un d'autre, ou même pour moi à un autre moment de ma vie. En fait, en différentes occasions, lorsque j'ai eu besoin de guérison, Dieu ne m'a pas toujours dirigé de la même façon. Parfois, j'ai accepté l'aide des médecins et j'ai reçu la guérison à travers eux.

Le "rhema" nous vient donc directement et individuellement de Dieu. Il est approprié à un moment et à un lieu particuliers. Cela suppose une communion permanente et personnelle avec Dieu. Grâce à chaque "rhema" successif, Dieu nous guide dans la marche de foi individuelle à laquelle il nous a appelés. Un "rhema" donné à un chrétien n'est pas forcément approprié pour un autre. Il peut même ne plus être approprié à ce chrétien à un autre stade de son expérience.

Cette vie continuellement dépendante du "rhema" de Dieu est clairement mise en avant dans les paroles que Jésus a dites à Satan lors de sa première tentation dans le désert: "L'homme ne vivra pas de pain seulement, mais de toute parole ("rhema") qui sort de la bouche de Dieu." (Matthieu 4:4) Le verbe "sortir" est au présent. Nous aurions pu dire "toute parole dès qu'elle sort de la bouche de Dieu". Jésus parle ici d'une parole spécifique qui vient directement de la bouche de Dieu, une parole poussée par "le souffle de sa bouche" qui est le Saint-Esprit. C'est notre "pain quotidien" toujours frais, toujours efficace. Si nous vivons dans la dépendance continuelle de cette parole, elle nous communique jour après jour la foi par laquelle seul "le juste vivra". Nous pouvons ainsi résumer la relation entre le "logos" et le "rhema":

a) Le "rhema" prend le "logos" éternel et le place dans le temps.

b) Le "rhema" prend le "logos" céleste et le place sur la terre.

c) Le "rhema" prend le "logos" potentiel et le rend réel.

d) Le "rhema" prend le "logos" général et le rend précis.

e) Le "rhema" prend une partie du "logos" total et le présente de telle façon qu'un homme puisse l'assimiler.

Le "rhema" est comme chacun des morceaux de pain avec lesquels Jésus a nourri la multitude; il est fait pour s'adapter aux besoins et aux capacités de chacun; souvent, il nous vient à travers une autre personne.

Du ciel à la terre

Dans Esaïe 55:8-13, le prophète présente la relation qui existe entre le "logos" et le "rhema" grâce à une image vivante: "Car mes pensées ne sont pas vos pensées, et vos voies ne sont pas mes voies, dit l'Eternel. Autant les cieux sont élevés au-dessus de la terre, autant mes voies sont élevées au-dessus de vos voies, et mes pensées au-dessus de vos pensées. Comme la pluie et la neige descendent des cieux, et n'y retournent pas sans avoir arrosé, fécondé la terre, et fait germer les plantes sans avoir donné de la semence au semeur et du pain à celui qui mange, ainsi en est-il de ma parole qui sort de ma bouche; elle ne retourne point à moi sans effet, sans avoir exécuté ma volonté et accompli mes desseins. Oui, vous sortirez avec joie, et vous serez conduits en paix; les montagnes et les collines éclateront d'allégresse devant vous, et tous les arbres de la campagne battront des mains, au lieu de l'épine s'élèvera le cyprès, au lieu de la ronce croîtra la myrte; et ce sera pour l'Eternel une gloire, un monument perpétuel, impérissable."

Nous avons ici deux plans différents: le plan céleste et le plan terrestre. Sur le plan céleste, c'est le "logos" divin, les pensées et les voies de Dieu, le conseil total de Dieu établi pour toujours dans le ciel. Sur le plan terrestre, ce sont les pensées et les voies des hommes, bien en deçà de celles de Dieu, d'ailleurs incompatibles. Il n'y a aucun moyen par lequel l'homme puisse atteindre le niveau de Dieu, mais il existe un moyen par lequel les voies et les pensées de Dieu peuvent descendre jusqu'à l'homme. Comme la pluie et la neige qui donnent l'humidité nécessaire à la terre, Dieu dit: "Ainsi en est-il de la parole qui sort de ma bouche."

C'est la même "parole" que Jésus prononce dans Matthieu 4:4, "la parole qui sort de la bouche de Dieu", la parole qui fait vivre l'homme. C'est une portion du "logos" céleste qui vient sur la terre en tant que "rhema". Elle nous communique cette portion des voies et des pensées de Dieu qui s'appliquent à notre situation et comblent nos besoins du moment.

Reçu et obéi, le "rhema" apporte dans nos vie l'activité et le fruit qui glorifient Dieu. Nous "sortons avec joie", nous "sommes conduits dans la paix". "Au lieu de l'épine s'élève le cyprès, au lieu de la ronce croît la myrte". L'"épine" et la "ronce" sont l'image de nos voies et de nos pensées. Quand nous recevons le "rhema" de la bouche de Dieu, elles sont remplacées par le cyprès et la myrte qui sont l'image des pensées et des voies de Dieu.

David et Marie, nos exemples

Afin d'illustrer la façon dont le "rhema" vient et le résultat qu'il produit, nous allons prendre deux merveilleux événements de l'Ecriture, l'un dans l'Ancien Testament, concernant David, et l'autre dans le Nouveau Testament, à propos de la Vierge Marie.

Dans 1 Chroniques 17, nous voyons David établi roi d'Israël, victorieux, prospère et à l'aise. Voyant le contraste entre son palais luxueux et l'humble tabernacle abritant l'arche sacrée de l'alliance de Dieu, il a le désir de construire un Temple digne de son Seigneur et de son alliance. Le prophète Nathan, avec qui David partage son désir, l'encourage d'abord chaleureusement; mais, la nuit suivante, Dieu parle à Nathan et l'envoie de nouveau vers David avec un message différent qui commence ainsi: "Ce ne sera pas toi qui me bâtira une maison..." et se termine par ces mots: "... et je t'annonce que l'**Eternel** te bâtira une maison" (versets 4 et 10).

Voici un exemple de la différence qui existe entre les voies et les pensées de Dieu et celles d'un homme. Tout ce que David pouvait imaginer de plus beau par son intelligence se trouvait encore au plan terrestre; il voulait construire une maison pour Dieu. La promesse que ce dernier lui a donnée se situait sur le plan céleste, bien au-delà de ce que David aurait pu concevoir; Dieu lui construirait une maison. De plus, David avait utilisé le mot "maison" dans son sens matériel, comme un lieu d'habitation, alors que Dieu, dans sa promesse, utilise le mot dans son sens le plus large, c'est-à-dire pour désigner une postérité, une lignée royale qui continuerait toujours.

Dans son message, Nathan a donné à David un "rhema", une parole directe et personnelle venant de Dieu. En réponse, David est allé "se présenter devant l'Eternel" (verset 16). Que faisait-il? Tout d'abord, il a probablement dû laisser de côté ses plans et ses idées préconçues. Peu à peu, alors qu'il les abandonnaient, il a commencé à méditer avec une attention particulière sur le message de Dieu, le laissant pénétrer au plus profond de son être. Dans cet état de quiétude intérieure, il était en mesure "d'écouter". Puis de l'écoute est née la foi, celle qui est nécessaire pour s'approprier ce que Dieu promettait. Toujours assis dans la présence de Dieu, il a répondu: "Maintenant, ô Eternel, que la parole que tu as prononcée sur ton serviteur et sur sa maison subsiste éternellement, et agis selon ta parole!" (verset 23)

Cette parole était un "rhema"; elle ne trouvait pas son origine au plan terrestre dans les propres pensées et voies de David, mais venait des lieux célestes, apportant les voies et les pensées de Dieu à David. Ayant entendu ce "rhema" et lui laissant produire la foi en lui, David s'est approprié cette promesse par une prière qui se termine par ces quatre petits mots: "Agis selon ta parole!" Ces quatre termes représentent la prière la plus efficace qu'on puisse dire, si simple, si logique, et pourtant donnant des résultats puissants. Une fois que nous sommes réellement convaincus que Dieu nous a dit quelque chose et que nous lui demandons en retour de faire ce qu'il a dit, comment pouvons-nous douter qu'il le fera? Quelle puissance dans le ciel ou sur la terre pourrait l'en empêcher?

Nous passons de David à travers quelques centaines d'années d'histoire juive à une humble servante descendante de sa lignée royale, une servante de campagne nommée Marie qui vit dans la ville de Nazareth. Un ange lui est apparu avec un message venant directement du trône de Dieu: "Et voici, tu deviendras enceinte, et tu enfanteras un fils, et tu lui donneras le nom de Jésus. Il sera grand et sera appelé Fils du Très-Haut, et le Seigneur Dieu lui donnera le trône de David, son père. Il régnera sur la maison de Jacob éternellement, et son règne n'aura point de fin." (Luc 1:31-33)

Lorsque Marie a demandé comment cela allait se produire, l'ange lui a expliqué que ce serait par la puissance surnaturelle du Saint-Esprit, en concluant avec ces paroles: "Car rien n'est impossible à Dieu." (Luc 1:37) "Rien", dans le texte grec original, signifie littéralement "aucune parole", "aucun rhema". La réponse de l'ange pourrait également être traduite ainsi: "Aucune parole ("rhema") de Dieu ne sera dépourvue de puissance"; ou plus librement: "Toute parole ("rhema") de Dieu contient la puissance pour son accomplissement."

L'ange avait apporté à Marie un "rhema", une parole directe de Dieu pour elle. Ce "rhema" contenait en lui la puissance d'accomplir la promesse. Le résultat dépendait de la réponse de Marie. "Je suis la servante du Seigneur, qu'il me soit fait selon ta parole." (Luc 1:38) Par ces propos, Marie débloquait la puissance surnaturelle de Dieu dans le "rhema" et s'ouvrait à son accomplissement dans son corps physique. La conséquence a été le plus grand miracle de l'histoire humaine, c'est-à-dire la naissance du Fils éternel de Dieu du sein d'une vierge.

Dans sa simplicité, la réponse de Marie était parallèle à celle de David. David dit: "Agis selon ta parole", alors que Marie affirme: "Qu'il me soit fait selon ta parole." Chacune de ces réponses simples débloquait la puissance miraculeuse de Dieu pour accomplir la promesse qui avait été donnée. Dans chaque cas, le "rhema" reçu par la foi contenait en lui la puissance pour son accomplissement.

Certains pourront se demander si le miracle de la naissance de Jésus dépendait de la réponse de la foi de Marie. Pourtant, cela est bien indiqué par les dernières paroles de salutation par lesquelles Elisabeth a plus tard salué Marie: "Heureuse celle qui a cru, parce que les choses qui lui ont été dites de la part du Seigneur auront leur accomplissement." (Luc 1:45) L'implication est claire; l'accomplissement de la promesse a eu lieu parce que Marie l'avait crue; sans cela, il n'y aurait pas eu de voie pour la puissance miraculeuse de Dieu dans l'accomplissement de ce qui avait été promis.

Voyons maintenant les expériences de David et de Marie en parallèle:

1. Chacun a reçu un "rhema", une parole directe et personnelle venant de Dieu.
2. Ce "rhema" exprime les voies et les pensées de Dieu, bien au-delà de tout ce qu'ils auraient pu concevoir par leur raisonnement ou leur imagination.
3. Lorsqu'ils entendent le "rhema", il leur communique la foi.
4. Tous deux ont exprimé leur foi par une simple affirmation, donnant leur consentement à ce qui était promis: "Agis selon ta parole" et "Qu'il me soit fait selon ta parole".
5. La foi exprimée de cette façon laissait la place à la puissance de Dieu dans le "rhema" pour amener l'accomplissement de ce qui avait été promis.

Dieu œuvre toujours de cette façon aujourd'hui avec son peuple. Par le Saint-Esprit, il prend de son conseil éternel ("logos") un "rhema", une parole spécifique qui convient à notre situation actuelle dans le temps et l'espace. Quand nous "écoutons" ce "rhema", la foi vient. Tandis que nous utilisons la foi que nous avons ainsi reçue pour nous approprier ce "rhema", nous découvrons qu'il contient en lui-même la puissance nécessaire pour accomplir ses propres desseins.

Résumé

La Bible nous présente l'exigence de Dieu pour la foi, et elle nous montre également comment l'acquérir. Romains 10:17 nous dit que "la foi vient de ce qu'on entend", la parole de Dieu, le "rhema" de Dieu, sa parole rendue vivante et personnelle par le Saint-Esprit.

Nous devons voir la relation entre le "logos" et le "rhema". Le "logos" est le conseil immuable de Dieu affermi pour toujours dans les cieux. Le "rhema" est la façon dont le Saint-Esprit apporte une partie de "logos" de l'éternité et le relie au temps et à l'expérience humaine. Par le "rhema", le "logos" me devient personnel et spécifique. Lorsque j'écoute ce "rhema", la foi vient en moi à travers lui.

Que signifie "entendre"? Un bon exemple pratique nous est donné dans Proverbe 4:20-22, que j'appelle "le flacon de médicaments de Dieu". Les "modalités" d'utilisation contiennent les quatre éléments qui constituent "l'écoute":

1. Nous donnons une attention pleine et entière à ce que Dieu nous dit par le Saint-Esprit.
2. Nous adoptons une attitude humble et nous sommes prêts à être enseignés.
3. Nous fixons nos regards sur les paroles que Dieu nous a envoyées.
4. Nous les méditons continuellement dans notre cœur.

Le "rhema" est la parole de Dieu qui sort de sa bouche. Si nous continuons à écouter chacune des paroles qui nous est donnée, elles nous fournissent le "pain quotidien" grâce auquel nous maintenons notre vie spirituelle et notre marche continuelle avec Dieu.

Le "rhema" est aussi comparé à la pluie et à la neige envoyant du ciel l'humidité sur la terre et remplaçant la stérilité par la fécondité. Il apporte les voies et les pensées de Dieu à un niveau humain et remplace nos voies et nos pensées par les siennes.

David et Marie nous fournissent deux exemples de la façon dont le "rhema" fonctionne. David avait envisagé de construire une maison à l'Eternel, et ce dernier a envoyé un "rhema" disant qu'il bâtirait une maison pour David. Dieu a envoyé un "rhema" à Marie par l'ange Gabriel qui annonçait qu'elle deviendrait la mère du Messie, du Fils de Dieu qu'Israël attendait tant. Dans chacun des cas, lorsque David et Marie ont entendu le "rhema", celui-ci leur a communiqué la foi; par cette foi, ils ont pu recevoir l'accomplissement de ce que le "rhema" avait promis. Leur réponse était simple, mais suffisante: "Agis selon ta parole" et "Qu'il me soit fait selon ta parole".

* * * * * * *

CHAPITRE 7

LA FOI DOIT ÊTRE CONFESSÉE

Lorsque la foi est là, il y a trois phases de développement par lesquelles elle doit passer: la confession, la révélation et l'épreuve. Nous pourrions appeler cela les trois grands "must" de la foi. La foi doit être confessée avec la bouche, elle doit être révélée en action, elle doit être éprouvée par la tribulation.

Confesser de sa bouche

Les mots "confesser" et "confession" sont des termes bibliques importants ayant une signification particulière. Le verbe grec "homologeo", traduit normalement par "confesser", signifie littéralement "dire la même chose que". La "confession", c'est donc "dire la même chose que". Parfois les traducteurs utilisent des mots proches comme "professer" et "profession" au lieu de "confesser " et "confession". L'expression "professer notre foi" est largement utilisée parmi eux et est synonyme du terme employé dans ce chapitre "confesser notre foi". Quel que soit le verbe utilisé dans la traduction, la signification première de "confesser" et de "professer" demeure la même, soit "dire la même chose que".

Dans cette acception particulière, "la confession" est toujours directement liée à la parole de Dieu. Elle dit la même chose par notre bouche que ce que Dieu affirme dans sa Parole. C'est mettre en harmonie les paroles de notre bouche avec la parole écrite de Dieu.

Dans le Psaume 116:10, le psalmiste dit: "J'ai cru, c'est pourquoi j'ai parlé." (version Darby) Dans 2 Corinthiens 4:13, Paul applique cela à la confession de notre foi: "Et comme nous avons le même esprit de foi qui est exprimé dans cette parole de l'Ecriture: **J'ai cru, c'est pourquoi j'ai parlé!** Nous aussi, nous croyons, et c'est pour cela que nous parlons." La parole est la façon naturelle dont la foi s'exprime. La foi qui ne parle pas est mort-née.

Toute la Bible souligne qu'il existe un lien direct entre notre bouche et notre cœur. Ce qui arrive dans l'une ne peut jamais être séparé de l'autre. Dans Matthieu 12:34, Jésus nous dit: "Car c'est de l'abondance du cœur que la bouche parle." La version anglaise moderne rend ce verset ainsi: "Car la bouche dit ce dont le cœur est plein." Autrement dit, la bouche est la soupape de sécurité du cœur. Tout ce qui sort par elle révèle le contenu de notre cœur.

Dans le monde naturel, si l'eau provenant d'une soupape de sécurité d'une citerne contient des particules de sable ou des moisissures, alors il n'y a pas de doute que l'eau de la citerne est impure. Il doit y avoir du sable ou des moisissures à l'intérieur. Il en va de même pour notre cœur. S'il est rempli avec la foi, alors cela s'exprimera par ce que nous disons avec notre bouche. Mais si les paroles de doute ou d'incrédulité sortent de notre bouche, elles indiquent inévitablement qu'il y a du doute et de l'incrédulité dans notre cœur.

Lorsque j'étais aide-soignant dans les forces armées britanniques en Afrique du Nord durant la Seconde Guerre mondiale, j'ai travaillé pendant une période avec un médecin écossais responsable d'un petit hôpital de campagne qui ne s'occupait que des cas de dysenterie. Chaque matin, alors que nous faisions le tour de nos patients, le médecin s'adressait à chacun de ses malades en ces termes: "Comment allez-vous? Montrez-moi votre langue!"

Alors que je participais quotidiennement à ce rituel médical, j'observais que le médecin s'intéressait bien davantage à l'état de la langue du patient qu'à la réponse donnée à la question: "Comment allez-vous?" Depuis, j'ai souvent réfléchi que c'est sûrement vrai de notre communion avec Dieu. Nous pouvons lui offrir notre propre bilan de notre condition spirituelle, mais en dernier ressort Dieu, comme ce médecin, juge principalement sur notre langue.

Dans Romains 10:8-10, Paul, définissant les conditions principales du salut, souligne tout autant l'importance de la foi du cœur que celle de la confession de la bouche: "Que dit-elle donc? La parole est près de toi, dans ta bouche et dans ton cœur. Or, c'est la parole de la foi, que nous prêchons. Si tu confesses de ta bouche le Seigneur Jésus, et si tu crois dans ton cœur que Dieu l'a ressuscité des morts, tu seras sauvé. Car c'est en croyant du cœur qu'on parvient à la justice, et c'est en confessant de la bouche qu'on parvient au salut..."

Dans chacun de ces trois versets, Paul parle de la bouche et du cœur, et l'ordre est significatif. Au verset 8, c'est d'abord la bouche, puis le cœur; au verset 9, c'est encore la bouche en premier et le cœur ensuite; quant au verset 10, l'ordre est inversé: le cœur est en premier, la bouche ensuite.

Je crois que cela correspond à notre expérience pratique. Nous commençons avec la parole de Dieu dans notre bouche. En la confessant de notre bouche, nous la recevons dans notre cœur. Plus nous persistons à la confesser de notre bouche, plus elle s'établit fermement dans notre cœur. Lorsque la foi est ainsi établie dans notre cœur, nous n'avons plus conscience de faire des efforts pour la confesser correctement. C'est la foi qui sort naturellement de notre bouche. Quand nous continuons à exprimer notre foi par notre bouche, nous entrons progressivement dans les bienfaits du salut.

La façon dont ce processus fonctionne m'a été un jour confirmée quand j'ai découvert qu'en hébreu l'expression "apprendre par cœur" se dit "apprendre par la bouche". Je me suis aperçu que l'expression française "apprendre par cœur" décrit le résultat qui doit être obtenu, et l'expression hébraïque "apprendre par la bouche" décrit la façon concrète par laquelle nous obtenons le résultat. Pour apprendre des choses par cœur, nous les répétons avec notre bouche; nous les répétons jusqu'à ce que nous n'ayons plus d'effort à faire. De cette façon, ce qui commence dans notre bouche s'imprime pour toujours dans notre cœur.

C'est ainsi que, petit, j'ai appris mes tables de multiplication. Je les récitais encore et encore: sept fois sept, quarante-neuf; sept fois huit, cinquante-six; sept fois neuf, soixante-trois, etc. Au bout d'un moment, je ne faisais plus d'effort; je n'avais plus besoin de réfléchir ou de dire autre chose. Les vérités des tables de multiplication étaient imprimées de façon indélébiles dans mon cœur; elles étaient devenues une partie de moi-même. Aujourd'hui, plus de cinquante ans plus tard, vous pourriez me réveiller au milieu de la nuit et me demander: "Combien font sept fois sept?" Sans effort ni hésitation, je répondrais: "Quarante-neuf."

La parole de Dieu est implantée dans notre cœur de la même façon. Chaque fois qu'un besoin survient, ou que notre foi est mise au défi, nous confessons la parole de Dieu qui s'applique à cette situation. La première fois, il y aura peut-être un combat; nos sentiments peuvent nous pousser à dire des choses qui ne sont pas en accord avec elle. En leur résistant avec persévérance, nous faisons que les paroles de notre bouche soient en accord avec la parole de Dieu. A la fin, il n'y aura plus de lutte; cela sera naturel pour nous de dire de notre bouche dans chacune des situations la même chose que ce que Dieu dit dans sa Parole.

Il est essentiel de faire la différence entre la foi et les sentiments. Les sentiments sont fondés sur nos sens. Ses conclusions sont souvent contraires à la parole de Dieu. Mais la foi, comme nous l'avons déjà vu, nous relie au domaine invisible de Dieu et à sa Parole. Là où la foi et les sentiments entrent en conflit, nous devons décider, par notre confession, que nous tiendrons par la foi et non par nos sentiments.

Il existe trois mots chacun commençant par un "f" (en anglais, n.d.t.) que nous devons mettre dans l'ordre: le fait, la foi et le sentiment. Les faits se trouvent dans la parole de Dieu et ils ne varient jamais. La foi s'appuie sur les faits de la parole de Dieu et atteste qu'ils sont vrais. Les sentiments peuvent fluctuer mais, en fin de compte, si la foi tient bon, ils s'aligneront sur les faits. D'autre part, si nous commençons par le mauvais bout, c'est-à-dire avec les sentiments plutôt qu'avec les faits, nous finirons toujours dans la confusion. Nos sentiments changent à chaque instant. Si notre vie est fondée sur eux, elle sera aussi instable qu'eux. "Le juste vivra par sa foi" et non par ses sentiments!

Cinq garde-fous pratiques

La pratique consistant à faire avec persévérance la bonne confession de notre bouche est vraiment efficace et très puissante. Si elle est faussée, elle peut cependant mener à des abus qui sont spirituellement dangereux. Par exemple, cela peut dégénérer sur l'idée que la puissance de la pensée peut transformer la matière. Une telle approche a été enseignée par le philosophe français Coué qui suggérait, pour résoudre les problèmes de la vie, de répéter sans cesse: "Chaque jour, et quelles que soient les circonstances, je vais de mieux en mieux." Un autre danger est qu'un chrétien zélé, mais immature, peut imaginer avoir trouvé une façon de forcer et d'obliger Dieu le Tout-Puissant à accéder à ses demandes. Ou bien, notre conception de Dieu peut se réduire à un genre de "distributeur automatique" céleste qui n'a besoin que de la bonne pièce dans la bonne fente pour nous donner la satisfaction charnelle que nous avons sélectionnée.

Afin d'éviter ces abus, je suggère cinq garde-fous bibliques:
1. Nous devons examiner l'attitude avec laquelle nous nous

approchons de Dieu. L'auteur de l'épître aux Hébreux fait les commentaires suivants à propos de la prière de Jésus dans le jardin de Gethsémané: "Il a été exaucé à cause de sa respectueuse soumission." (traduction anglaise, n.d.t.) (Hébreux 5:7) L'attitude de "respectueuse soumission" de Jésus s'exprimait par ces paroles: "Non pas ma volonté, mais la tienne." (Luc 22:42) Cela nous donne à tous un modèle à suivre. Jusqu'à ce que nous renoncions à notre propre volonté et que nous nous soumettions à celle de Dieu, nous n'avons pas de fondement biblique sur lequel réclamer les réponses à nos prières et les bénéfices de notre salut.

2. Nous ne sommes pas libres de "confesser" tout ce que nous avons arbitrairement imaginé ou désiré. Notre confession doit se maintenir dans les limites de la parole écrite de Dieu. Toute autre confession, qui n'est pas directement fondée sur l'Ecriture, peut aisément aboutir à des pensées vaines ou au fanatisme.

3. Nous ne cesserons jamais de dépendre de la direction du Saint-Esprit. Dans Romains 8:14, Paul définit ceux qui sont qualifiés pour être reconnus comme "les fils de Dieu": "Car tous ceux qui sont conduits par l'Esprit de Dieu sont fils de Dieu." Cela s'applique autant à la confession que nous faisons de notre bouche qu'à tout autre aspect de la vie chrétienne. Le Saint-Esprit doit nous conduire vers le domaine particulier de la vérité biblique que nous avons besoin de confesser dans une situation donnée. Dans le chapitre précédent, nous avons vu que seul le Saint-Esprit peut prendre le "logos" éternel pour l'appliquer à chaque situation comme un "rhema" vivant et pratique.

4. Nous ne cesserons jamais de dépendre de la grâce surnaturelle de Dieu. Dans Ephésiens 2:8, Paul affirme un ordre qui ne varie jamais: "Par la grâce [...] par le moyen de la foi." C'est toujours la grâce en premier, puis la foi. Si jamais nous cessons de dépendre de la grâce de Dieu et de sa puissance, et que nous commençons à nous fier à nos propres capacités, la conséquence serait la même que pour Abraham – un Ismaël et non un Isaac.

5. Il est important d'évaluer correctement l'évidence de nos propres sens. Dieu ne nous demande pas de fermer nos yeux et nos oreilles et de marcher comme si le monde physique et matériel autour de nous n'existait pas. La foi, ce n'est pas le mysticisme. Nous ne remettons pas en question la réalité de ce que nos sens nous révèlent, mais nous remettons en question sa finalité.

Dans Romains 4:16-21, Paul commence par souligner que la foi vivante doit toujours dépendre de la grâce de Dieu, puis il prend Abraham comme exemple de la façon de résoudre la tension entre la foi et les sens: "C'est pourquoi les héritiers le sont par la foi, pour que ce soit par grâce, afin que la promesse soit assurée à toute la postérité, non seulement à celle qui est sous la loi, mais aussi à celle qui a la foi d'Abraham, notre père à tous, selon qu'il est écrit: Je t'ai établi père d'un grand nombre de nations. Il est notre père devant celui auquel il a cru, Dieu, qui donne la vie aux morts, et qui appelle les choses qui ne sont point comme si elles étaient. Espérant contre toute espérance, il crut, en sorte qu'il devint père d'un grand nombre de nations, selon ce qui lui avait été dit: Telle sera ta postérité. Et, sans faiblir dans la foi, il ne considéra point que son corps était déjà usé, puisqu'il avait près de cent ans, et que Sara n'était plus en état d'avoir des enfants. Il ne douta point, par incrédulité, au sujet de la promesse de Dieu; mais il fut fortifié par la foi, donnant gloire à Dieu, et ayant la pleine conviction que ce qu'il promet il peut aussi l'accomplir."

Les sens d'Abraham lui disaient qu'il était physiquement incapable d'engendrer et que Sara n'était plus en état d'avoir des enfants. Pourtant Dieu leur avait promis un fils. Abraham n'a pas prétendu que ce que ses sens lui révélaient quant à son corps et à celui de Sara n'était pas réel. Il a simplement refusé de l'accepter comme une fatalité. Alors que la parole de Dieu lui avait promis une chose et que ses sens lui en disaient une autre, il s'est attaché avec ténacité à la promesse de Dieu sans laisser ses sens la mettre en doute. Finalement, après que leur foi a été mise à l'épreuve, l'état physique de Sara et d'Abraham a été en accord avec ce que Dieu avait promis et ils sont devenus en fait capables physiquement d'avoir un enfant.

Il en sera de même avec nous. Il peut y avoir une période de conflit entre les affirmations de la parole de Dieu et ce que nos sens nous disent dans une situation donnée. Mais si notre foi est réelle, et si nous nous accrochons comme Abraham l'a fait, en maintenant fermement la bonne confession, en fin de compte ce que nous voyons avec nos sens sera mis en accord avec ce que la parole de Dieu dit.

Confesser pour parvenir au salut

Nous avons vu que Paul conclut son enseignement de Romains 10:8-10 avec cette affirmation: "C'est en confessant de la bouche qu'on parvient au salut." Le verbe "parvenir" indique un mouvement ou un progrès. Autrement dit, nous allons progressivement vers le salut à mesure que nous continuons à faire la bonne confession.

Afin de faire et de garder la bonne confession, nous devons cependant comprendre l'étendue du mot "salut". De nombreux chrétiens limitent la "confession" au fait de confesser des péchés et le salut au pardon de leurs péchés. Il est vrai que Dieu nous demande de confesser nos péchés et que le salut comprend le pardon de nos péchés. Mais ces deux mots, "confession" et "salut", vont bien au-delà!

Dans le Psaume 78:21-22, il nous est dit que Dieu s'est mis en colère contre Israël après sa sortie d'Egypte, "parce qu'ils n'ont pas cru en Dieu, parce qu'ils n'ont pas eu confiance dans son secours". Les versets qui précèdent et ceux qui suivent montrent clairement que le "salut" de Dieu comprenait tout ce qu'il avait fait pour Israël jusqu'à ce jour et qui sont ses jugements sur les Egyptiens, le partage des eaux de la mer Rouge, la nuée qui les guidait le jour et le feu la nuit, l'eau qui jaillissait du rocher pour que les Israélites puissent boire et la manne venue du ciel pour qu'ils puissent manger. Toutes ces actions et interventions divines en vue de pourvoir à nos besoins sont résumées en un seul mot qui est "salut".

Dans le Nouveau Testament également, le verbe grec "sozo" – généralement traduit par "sauver" – va beaucoup plus loin que le pardon des péchés et indique que Dieu pourvoit à chaque besoin humain. Pour donner quelques exemples de ce sens plus large, "sozo" est utilisé pour la guérison de la femme atteinte d'une perte de sang (Matthieu 9:21-22), pour la guérison du boiteux de naissance à Lystre (Actes 14:8-10), pour la délivrance du démoniaque gérasénien d'une légion de démons et le recouvrement de son esprit (Luc 8:36), pour la résurrection de la fille de Jaïrus (Luc 8:49-55), pour la prière de foi qui redonne la santé au malade (Jacques 5:15).

Enfin, dans 2 Timothée 4:18, Paul dit: "Le Seigneur me délivrera de toute œuvre mauvaise, et il me sauvera pour me faire entrer dans son royaume céleste." Le mot traduit ici pour "sauver" est "sozo". Dans ce contexte, cela inclut chaque délivrance, protection et don de Dieu pour le conduire en sécurité dans sa vie terrestre et l'amener finalement dans le royaume éternel.

Le salut comprend donc tous les bienfaits acquis pour nous par la mort de Christ sur la croix. Que ces bienfaits soient spirituels, physiques, financiers, matériels, temporels ou éternels, ils sont tous contenus dans ce mot magnifique qu'est "salut".

La façon par laquelle nous entrons et nous nous approprions les différents bienfaits du salut est la "confession". Les Ecritures nous donnent des affirmations claires et positives par lesquelles nous approprier tout ce que Dieu a préparé pour chaque domaine. Alors que nous les recevons par la foi dans notre cœur et que nous les confessons avec notre bouche, nous les rendons actuels dans notre vie.

Par exemple, Satan assaille souvent les chrétiens avec des sentiments de condamnation et d'indignité. Nous pouvons même en arriver à remettre en question l'amour de Dieu pour nous. Nous devons surmonter ces attaques sataniques en trouvant et en confessant des passages qui feront taire notre accusateur. Par exemple: "Il n'y a donc maintenant aucune condamnation pour ceux qui sont en Jésus-Christ" (Romains 8:1), "Mais Dieu prouve son amour envers nous, en ce que, lorsque nous étions encore pécheurs, Christ est mort pour nous" (Romains 5:8) et "Nous, nous avons connu l'amour que Dieu a pour nous, et nous y avons cru" (1 Jean 4:16).

Avec l'appui de ces passages, je fais la confession personnelle suivante: "Je suis en Jésus-Christ, donc je ne suis plus sous la condamnation. Dieu prouve son amour envers moi par le fait que Christ est mort pour moi alors que j'étais encore pécheur. Je connais et je crois en l'amour de Dieu pour moi." En résistant à tous les sentiments négatifs et en gardant cette confession positive et biblique, la condamnation et le rejet sont remplacés dans ma vie par la paix et le sentiment d'être accepté.

Nous pouvons avoir des besoins dans le domaine de la guérison physique et de la santé. L'Ecriture nous dit, à propos de Jésus: "Il a pris nos infirmités, il s'est chargé de nos maladies" (Matthieu 8:17) et "Lui, par les meurtrissures duquel vous avez été guéris" (1 Pierre 2:24). Ces affirmations fournissent le fondement pour la confession qui convient dans cette situation. Chaque fois que la maladie menace, au lieu de garder mon esprit fixé sur les symptômes, je réponds par une confession positive: "Jésus lui-même a pris mes infirmités et a enlevé mes maladies, et par ses meurtrissures, je suis guéri." Au début, il se peut que j'hésite, pris entre la tension des symptômes que je ressens dans mon corps et les vérités immuables de la parole de Dieu. Mais, en continuant à confesser la vérité de Dieu, elle devient une partie de moi-même, comme la table de multiplication. Même si je me réveille au milieu de la nuit avec les symptômes de trois maladies différentes dans mon corps, mon esprit fera encore la bonne confession: "Par ses meurtrissures, je suis guéri."

Si mon besoin est dans un autre domaine, alors je fais la confession qui lui correspond. Par exemple, si je suis dans une période difficile du point de vue financier, je me remémore 2 Corinthiens 9:8: "Et Dieu peut vous combler de toutes sortes de grâces, afin que, possédant toujours en toutes choses de quoi satisfaire à tous vos besoins, vous ayez encore en abondance pour toute bonne œuvre." Je refuse d'entretenir mes craintes. Je vaincs la peur par des actions de grâces, je continue à remercier Dieu parce qu'il a prévu pour moi l'abondance. En maintenant cette confession, je vois Dieu intervenir de telle sorte que sa Parole devient une réalité dans ma situation financière.

Ainsi, progressivement, domaine par domaine, besoin par besoin, situation par situation, "en confessant je parviens au salut". Chaque problème que nous rencontrons devient un stimulant pour faire la confession qui donne la réponse de Dieu à ce problème. Plus notre confession est complète et conforme, plus nous entrons pleinement dans la joie de l'expérimentation de notre salut.

Le souverain sacrificateur de notre confession

L'un des thèmes majeurs distinctifs se trouvant dans l'épître aux Hébreux est le sacerdoce de Jésus-Christ. Dans ce rôle, Jésus a eu le ministère de nous représenter personnellement auprès de Dieu le Père. Il nous couvre de sa justice, fait monter nos prières, présente nos besoins et devient notre assurance pour l'accomplissement des promesses de Dieu. Alors que nous suivons ce thème du sacerdoce de Christ à travers l'épître, nous voyons qu'il est invariablement lié à notre confession. Celle que nous faisons sur la terre détermine la latitude que nous laissons à Jésus pour exercer son sacerdoce dans le ciel.

Dans Hébreux 3:1, nous sommes exhortés à considérer Jésus-Christ comme "le souverain sacrificateur de notre confession de foi"; cela relie directement le sacerdoce de Christ à notre confession. C'est cette dernière qui rend son ministère sacerdotal efficace pour nous. Chaque fois que nous faisons la bonne confession, nous avons toute l'autorité de Christ en tant que souverain sacrificateur avec nous. Il devient la garantie pour l'accomplissement de ce que nous confessons. Si nous n'avons pas la bonne confession, ou si nous confessons le doute ou l'incrédulité plutôt que la foi, alors nous ne donnons pas la possibilité à Christ d'exercer son ministère de souverain sacrificateur. La bonne confession invoque sur nous son ministère de grand sacrificateur, et la mauvaise confession nous en sépare.

Dans Hébreux 4:14, l'auteur relie de nouveau le sacerdoce de Jésus directement à notre confession: "Ainsi, puisque nous avons un grand souverain sacrificateur qui a traversé les cieux, Jésus, le Fils de Dieu, tenons fermement la confession (de notre foi)." L'accent est mis sur le ferme maintien de notre confession. Une fois que nous avons mis les mots de notre bouche en accord avec la parole écrite de Dieu, nous devons faire attention à ne pas changer ni revenir à une position d'incrédulité. De nombreuses pressions peuvent intervenir; il peut sembler que les choses vont exactement à l'opposé de ce que nous avions espéré, que toutes les sources d'aide naturelle peuvent se tarir. Par notre foi et notre confession, nous devons continuer à maintenir ces vérités qui ne varient pas – la parole de Dieu et Jésus-Christ en tant que grand sacrificateur assis à la droite de Dieu.

Dans Hébreux 10:21-24, pour la troisième fois, l'auteur souligne le rapport existant entre le sacerdoce de Christ et notre confession: "... et puisque nous avons un souverain sacrificateur établi sur la maison de Dieu, approchons-nous avec un cœur sincère, dans la plénitude de la foi, les cœurs purifiés d'une mauvaise conscience, et le corps lavé d'une eau pure. Confessons notre espérance sans fléchir, car celui qui a fait la promesse est fidèle. Veillons les uns sur les autres, pour nous inciter à la charité et aux bonnes œuvres."

Nous voyons que reconnaître Jésus comme notre grand sacrificateur nous donne trois obligations, chacune introduite par un impératif. La première (verset 22) est "Approchons-nous d'un cœur sincère". La deuxième (verset 23) concerne notre propre confession; nous devons "confesser notre espérance sans fléchir". La troisième (verset 24) se rapporte à nos frères; nous devons "veiller les uns sur les autres pour nous inciter à la charité et aux bonnes œuvres". Au centre de notre obligation envers Dieu et envers nos frères se trouve celle envers nous-mêmes, qui est de maintenir la bonne confession.

La mesure avec laquelle nous le ferons déterminera la mesure avec laquelle nous pourrons accomplir nos deux autres obligations, qui sont envers Dieu et envers nos frères.

Dans les trois passages de l'épître aux Hébreux que nous avons étudiés, il y a une grande emphase sur l'importance de garder la bonne confession. Dans Hébreux 3:1, il nous est simplement dit que Jésus est "le souverain sacrificateur de la foi que nous confessons". Dans Hébreux 4:14, nous sommes exhortés à "demeurer fermes dans la foi que nous confessons". Dans Hébreux 10:23, nous devons "confesser notre espérance sans fléchir"; ce qui suggère que nous sommes soumis à des pressions toujours plus grandes qui pourraient nous ébranler ou affaiblir notre confession. Nous sommes nombreux à pouvoir le confirmer par notre expérience. Dès lors, l'avertissement est opportun. Quelles que soient les pressions s'exerçant contre nous, la victoire ne peut venir que du maintien de notre confession.

Dans la dernière de ces trois exhortations faites aux Hébreux, l'auteur nous donne une raison spécifique de maintenir notre confession sans faiblir. Il ajoute: "... car celui qui a fait la promesse est fidèle." Notre confession nous lie à un souverain sacrificateur qui ne peut changer. C'est le plan de Dieu par lequel nous invoquons dans nos vies sa fidélité, sa sagesse et sa puissance.

Résumé

Dans le plan de salut de Dieu, la foi est directement mise en relation avec la confession. La "confession" (ou la profession) signifie que les paroles de notre bouche sont systématiquement en accord avec la parole écrite de Dieu. Cela demande une autodiscipline permanente. Dans chaque situation que nous rencontrons, nous nous montrons inflexibles quant à nos sentiments et à nos sens, et nous réaffirmons résolument ce que l'Ecriture dit à propos de cette situation. Au début, il se peut qu'il y ait des luttes et des tensions; en fin de compte, la parole de Dieu s'inscrira dans notre cœur de façon indélébile, pour ensuite s'écouler naturellement de notre bouche.

Nous devons être attentifs à ce que la pratique de la confession ne dégénère pas en une simple technique. Voici cinq garde-fous d'ordre pratique:
1. Nous devons commencer par renoncer à notre propre volonté pour nous soumettre à celle de Dieu.
2. Nous devons garder une confession uniquement fondée sur l'Ecriture.
3. Nous devons être continuellement conduits par le Saint-Esprit.
4. Nous devons toujours nous confier en la grâce surnaturelle de Dieu et jamais uniquement sur nos capacités personnelles.

5. Lorsqu'il existe un conflit entre nos sens et la parole de Dieu, nous devons adopter la même attitude qu'Abraham; la situation que nous révèle nos sens est réelle, mais pas définitive.

En appliquant progressivement la bonne confession à tous les domaines de notre vie, nous entrerons dans une plus grande expérience du salut, c'est-à-dire de ce que Dieu a prévu pour nous par la mort de Christ.

La bonne confession nous lie directement à Christ en tant que souverain sacrificateur en la présence de Dieu, et appelle sur nous sa fidélité immuable, sa sagesse et sa puissance.

* * * * * * *

CHAPITRE 8

LA FOI DOIT ÊTRE MISE EN ACTION

Nous avons vu que la foi devait être confessée de notre bouche. Cela est-il suffisant? Les gens religieux sont souvent coupables d'utiliser des mots creux sans réelle signification. Comment éviter cela? Comment pouvons-nous être certains que les paroles que nous utilisons dans notre confession viennent réellement de la foi véritable de notre cœur? L'Ecriture donne une réponse simple et pratique à cette question. La foi confessée par notre bouche doit être soutenue par des actions appropriées. La foi sans les œuvres – sans les actions correspondantes – est morte.

La foi agit par l'amour

Dans Galates 5:6, Paul entre dans le vif du sujet: "Car, en Jésus-Christ, ni la circoncision ni l'incirconcision n'ont de valeur, mais la foi qui est agissante par l'amour." Paul établit ici quatre points vitaux qui se suivent en ordre logique.

En prenant premièrement l'exemple de la circoncision, Paul dit qu'aucun rite ou cérémonie religieux ne peut en lui-même nous recommander à Dieu. Ce dernier se préoccupe d'abord de l'intérieur et non de l'extérieur.

Le deuxième élément essentiel de la véritable chrétienté, c'est la foi. Elle est l'état intérieur du cœur qui seul est acceptable devant Dieu; il n'y a à cela aucune alternative. Dans le chapitre cinq, nous avons déjà remarqué combien la Bible souligne avec insistance la nécessité et l'importance de la foi.

Troisièmement, Paul nous dit que la foi est agissante. C'est sa nature même que d'être active. Là où il n'y a pas d'activité appropriée, il n'y a pas de foi véritable.

La manière dont la foi agit naturellement est quatrièmement par l'amour. Là où il n'est pas manifesté, il n'y a pas de véritable foi. L'amour est par essence positif; il réconforte, console, édifie. Si les œuvres sont toutes négatives, critiques, sans charité, il n'y a pas d'amour visible et donc pas de foi. De telles actions viennent peut-être d'une religion, mais certainement pas de la foi.

L'épître de Jacques est l'un des livres du Nouveau Testament soulignant le mieux la relation entre la foi et les œuvres. Certains exégètes pensent qu'il y a une différence entre la façon dont Jacques et Paul considèrent la foi. Ils disent que Paul insiste sur le salut uniquement par la foi, sans les œuvres, tandis que Jacques affirme que la foi doit s'exprimer par des œuvres. Personnellement, je ne trouve pas là de contradiction; ce sont les deux faces de la même vérité. Nous sommes justifiés par la foi sans les œuvres, car aucune œuvre ne peut nous justifier. Mais lorsque nous sommes justifiés par la foi sans les œuvres, nous devons alors exprimer notre foi par nos œuvres, sinon notre foi n'est pas valable. Paul nous dit comment recevoir la justice de Dieu et Jacques nous explique les résultats obtenus lorsque nous la recevons. Je ne vois pas de contradiction entre ces deux points de vue, mais ils soulignent simplement une différence.

De plus, il est complètement erroné de suggérer que Paul ne souligne pas l'importance des œuvres. Dans Galates 5:6, comme nous l'avons déjà vu, il montre que la véritable nature de la foi est dans les œuvres – et les œuvres dans l'amour. Il fait ressortir la même vérité dans le fameux chapitre 13 de 1 Corinthiens sur l'amour, ainsi que dans de nombreux autres passages de ses écrits.

Jacques met l'accent sur les œuvres

La plus grande partie de l'enseignement de Jacques sur la foi et les œuvres est contenue dans son épître, au chapitre 2:14-26. Nous diviserons ce passage en six parties principales et nous les analyserons dans l'ordre:

1. Les versets 14 à 17: la confession sans action: "Mes frères, que sert-il à quelqu'un de dire qu'il a la foi, s'il n'a pas les œuvres? Si un frère ou une sœur sont nus et manquent de la nourriture de chaque jour, et que l'un d'entre vous leur dise: Allez en paix, chauffez-vous et vous rassasiez! et que vous ne leur donniez pas ce qui est nécessaire au corps, à quoi cela sert-il? Il en est ainsi de la foi: si elle n'a pas les œuvres, elle est morte en elle-même."

Nous voyons que Jacques décrit ici un homme qui dit avoir la foi. Cet homme proclame qu'il a la foi, mais son comportement démontre le contraire. Confronté à un frère ayant un besoin matériel désespéré, cet homme n'offre que des paroles de réconfort, mais aucune aide pratique. Le fait qu'il n'arrive pas à agir de façon appropriée montre que ses paroles de réconfort sont vides et hypocrites. C'est la même chose pour notre profession (ou confession) de foi. Si elle n'est pas suivie par des actes, alors tout ce que nous avons ce sont des paroles sans vie, sans aucune réalité intérieure.

2. Le verset 18: la théologie contre la vie: "Toi, tu as la foi; et moi, j'ai les œuvres. Montre-moi ta foi sans les œuvres, et moi, je te montrerai la foi par mes œuvres."

Je prends toujours ce verset comme un défi personnel. Ai-je une foi qui n'est qu'abstraite en théologie, ou est-ce que je démontre ce que je crois par mes actes? Le monde est maintenant lassé de la foi présentée comme un schéma abstrait et a soif de la voir sous forme d'un modèle vivant. Je suis convaincu que la théologie qui n'œuvre pas concrètement n'est pas valable.

3. Le verset 19: le conformisme du diable: "Tu crois qu'il y a un seul Dieu, tu fais bien; les démons le croient aussi, et ils tremblent."

Il est juste de croire qu'il n'existe qu'un seul Dieu véritable, mais cela ne suffit pas. Même les démons le croient, et ils tremblent! Je suis convaincu que le diable lui-même croit toute la Bible. Il est bien plus orthodoxe que de nombreux théologiens! Alors que manque-t-il à une telle foi? La réponse tient en un mot, qui est l'obéissance! Bien que Satan et ses démons croient en un seul Dieu véritable, ils persistent dans leur rébellion contre lui. La véritable foi conduit à la soumission et à l'obéissance. Sans cela, elle est vaine.

4. Les versets 20 à 24: l'exemple d'Abraham: "Veux-tu savoir, ô homme vain, que la foi sans les œuvres est inutile? Abraham, notre père, ne fut-il pas justifié par les œuvres, lorsqu'il offrit son fils Isaac sur l'autel? Tu vois que la foi agissait avec ses œuvres, et que par les œuvres la foi fut rendue parfaite. Ainsi s'accomplit ce que dit l'Ecriture: Abraham crut à Dieu et cela lui fut imputé à justice; et il fut appelé ami de Dieu. Vous voyez que l'homme est justifié par les œuvres, et non par la foi seulement."

Jacques illustre ensuite ce propos par la vie d'Abraham. Afin de suivre ce qu'il dit, nous devons examiner certains événements de la vie d'Abraham. Dans Genèse 12, Dieu a appelé Abraham à quitter Ur en Chaldée afin d'aller dans un pays qu'il lui donnerait en héritage. Lorsqu'il a obéi, Dieu l'a conduit dans le pays de Canaan. Dans Genèse 15, Abraham se plaint de ne pas avoir d'enfant né de sa chair pour hériter du pays. En réponse, Dieu lui montre les étoiles la nuit et lui dit: "Ainsi sera ta postérité." La réponse d'Abraham est donnée dans Genèse 15:6: "Abram eut confiance en Dieu qui le lui imputa à justice." A ce stade, Dieu reconnaît Abraham comme juste non pas sur le fondement d'une quelconque bonne œuvre, mais uniquement parce qu'il avait cru en Dieu.

Jacques souligne cependant que ce n'était pas la fin de la relation de foi d'Abraham envers Dieu. Ayant cru en Dieu et ayant été reconnu juste, seulement sur le fondement de sa foi, Abraham a continué à prouver sa foi par toute une série d'actions. Dans les sept chapitres suivants de la Genèse, nous voyons que Dieu conduit Abraham pas à pas, acte d'obéissance après acte d'obéissance, faisant mûrir sa foi sur une période d'environ quarante ans. Enfin, dans Genèse 22, Abraham en est arrivé au point qu'il a pu faire face au test suprême de la foi, qui est le sacrifice de son fils Isaac sur l'autel de Dieu. Il l'a fait, selon Hébreux 11:17-19, en étant totalement persuadé que Dieu ramènerait Isaac à la vie. Ainsi, il est sorti de cette épreuve victorieux.

Abraham n'était pas prêt à affronter cette épreuve dans Genèse 15. Il lui a fallu beaucoup d'épreuves et de luttes, beaucoup d'actes d'obéissance pour l'amener à cette épreuve finale où il a pu offrir son fils Isaac. Jacques explique cela en disant que "la foi agissait avec ses œuvres et que, par les œuvres, la foi fut rendue parfaite". La foi est toujours le point de départ; il ne peut y en avoir d'autres. Lorsque la foi est là, elle est mise à l'épreuve par différents tests qui nécessitent les actes d'obéissance appropriés. Chacun de ces actes développe et renforce la foi, nous préparant ainsi pour le test suivant. Enfin, à travers toute une série d'épreuves et d'actes d'obéissance, la foi est amenée à maturité ou à sa perfection.

5. Le verset 25: l'exemple de Rahab: "Rahab, la prostituée, ne fut-elle pas également justifiée par les œuvres, lorsqu'elle reçut les messagers et qu'elle les fit sortir par un autre chemin?"

Dans son dernier exemple illustrant le rapport entre la foi et les œuvres, Jacques a choisi Rahab. Son histoire est relatée dans Josué 2:1-22 et 6:21-25. L'une des raisons pour lesquelles j'aime cette histoire est parce qu'elle prouve qu'il y a une espérance pour ceux qui n'en ont plus. Rahab était une femme pécheresse et païenne vivant à Jéricho, ville vouée à la destruction par Dieu. Pourtant, à cause de sa foi, elle a échappé à la destruction, sauvé toute sa famille, a été intégrée au peuple de Dieu et a épousé un homme qui est – tout comme elle – cité comme ancêtre de Jésus-Christ (voir Matthieu 1:5).

La foi de Rahab n'était pas une confession vide, mais elle s'exprimait par les actions appropriées. Les espions envoyés à Jéricho par Josué ont logé dans sa maison. Lorsqu'ils ont failli être capturés, elle a risqué sa vie pour les sauver en les cachant sur le toit. Avant que les espions s'en aillent, Rahab leur a proposé un marché: "Je vous ai sauvé la vie; en échange, je vous demande de me sauver, moi et ma maison." Les espions ont été d'accord et se sont engagés à faire ce que Rahab leur demandait. En fait, ils ont pris cet engagement de la part de Dieu plutôt que de leur propre chef, puisque c'était Dieu lui-même qui avait prévu la destruction de Jéricho par sa puissance surnaturelle (voir Josué 6:20). L'affaire conclue, Rahab a risqué de nouveau sa vie en faisant descendre les espions par la fenêtre à l'aide d'une corde.

Avant de partir, les espions ont encore donné une instruction à Rahab: "Si tu veux être sauvée, noue cette cordelette pourpre à ta fenêtre. Si elle n'est pas à la fenêtre, tu ne seras pas sauvée." Le cordon pourpre était une sorte de confession. En faisant cela, elle montrait qu'elle faisait confiance à la promesse des espions. Pour nous, à la lumière du Nouveau Testament, elle représente bien notre confession de foi envers le sang de Christ.

L'histoire de Rahab illustre de manière vivante la relation qui lie la foi, la confession et l'acte approprié. Rahab a cru au témoignage des espions selon lequel Jéricho serait détruite. Elle a aussi cru à leur promesse de la sauver, elle et sa maison. Mais cela ne suffisait pas; elle devait confesser sa foi en plaçant le cordon pourpre à sa fenêtre. Et cet acte n'était pas non plus suffisant; elle devait agir par la foi même au péril de sa vie, en cachant les espions sur son toit et en les laissant s'échapper par la fenêtre. Il fallait que ce cordon soit placé à cette dernière. Le cordon pourpre ne l'aurait pas sauvée si elle ne l'avait pas mis à la fenêtre par laquelle s'étaient échappés les espions. L'histoire de Rahab illustre trois choses qui ne doivent jamais être séparées et qui sont la foi, la confession et l'action qui en découle.

6. Le verset 26: conclusion: "Comme le corps sans âme est mort, de même la foi sans les œuvres est morte."

Jacques conclut son analyse avec une analogie nette et vivante, celle que la foi sans les œuvres est morte. Elle peut être préservée comme une momie égyptienne, sous une apparence solennelle et poussiéreuse; malgré tout cela, elle est morte. La seule chose qui puisse donner la vie à un corps, c'est l'esprit. De la même manière, la seule chose qui puisse donner la vie à la foi, ce sont les œuvres – des actions qui en découlent.

La foi est une marche

Dans l'étude précédente, nous avons vu comment Jacques utilisait Abraham comme un premier exemple de foi alliée aux œuvres. Dans Romains 4:11-12, Paul prend également Abraham comme modèle de foi que nous devrions suivre: "Et il reçut le signe de la circoncision, comme sceau de la justice qu'il avait obtenue par la foi quand il était incirconcis, afin d'être le père de tous les incirconcis qui croient, pour que la justice leur fût aussi imputée, et le père des circoncis, qui ne sont pas seulement circoncis, mais encore qui marchent sur les traces de la foi de notre père Abraham quand il était incirconcis."

Paul explique tout d'abord qu'Abraham n'est pas devenu juste à cause de la circoncision, mais qu'il a plutôt reçu la circoncision comme un sceau extérieur de la justice qu'il avait déjà reçue sur le fondement de sa foi seule. La déduction logique est que la circoncision, à moins qu'elle ne soit fondée sur la foi, n'a aucune valeur intrinsèque.

Paul continue en disant qu'Abraham, par son exemple de foi, est devenu le père de tous les croyants, circoncis ou incirconcis. Cependant, il donne une condition que nous devons tous remplir, quelle que soit notre origine raciale ou religieuse, si nous voulons être reconnus comme les descendants d'Abraham, celle qu'il faut que "nous marchions sur les traces de la foi de notre père Abraham quand il était incirconcis".

Paul parle des "traces de la foi d'Abraham". Voilà une image vivante qui montre que la foi n'est pas quelque chose de statique; ce n'est pas une condition ou une position. C'est plutôt une marche progressive, pas à pas. De chaque étape jaillit notre relation personnelle avec Dieu. C'est pour cela que nous ne pouvons pas édicter des règles de conduite strictes pour les chrétiens. Les chrétiens sont à différentes étapes de leur marche de la foi. Un chrétien converti depuis de nombreuses années doit être plus avancé qu'un nouveau converti. Dieu ne demande pas la même chose à un chrétien mûr et à un nouveau converti. Dans ma marche de foi personnelle, je dois saisir l'étape qui exprime ma relation avec Dieu à ce moment précis. Je ne peux pas nécessairement franchir les mêmes étapes que d'autres chrétiens qui sont plus ou moins mûrs que moi.

La foi est donc une marche; elle est le résultat d'une relation personnelle entre Dieu et chaque chrétien. Chaque étape de cette marche est un acte d'obéissance. Tandis que nous marchons ainsi dans une bonne relation avec Dieu, suivie par des actes d'obéissance progressifs, notre foi se développe et est finalement amenée à maturité.

Résumé

La confession de la foi doit s'accompagner d'actes appropriés motivés par l'amour. Sans cela, la foi est vaine.

L'épître de Jacques établit trois principes régissant la relation entre la foi et les œuvres: 1) La confession sans les actes est sans valeur 2) La théologie doit être envisagée dans la vie pratique 3) L'orthodoxie doit s'accompagner de l'obéissance.

Jacques illustre ces principes par deux exemples de l'Ancien Testament: 1) Abraham était reconnu juste devant Dieu sur le fondement de sa foi seule; ensuite, sa foi s'est développée et a mûri par des actes progressifs d'obéissance, dont l'apogée est le sacrifice de son fils Isaac sur l'autel de Dieu 2) Rahab ne s'est pas contentée de croire le récit des espions, elle a également risqué sa vie pour les sauver et a confessé sa foi en leur promesse par le fil cramoisi à sa fenêtre, réunissant ainsi la foi, la confession et l'action appropriée.

En résumé, Jacques déclare que la foi sans les œuvres est morte tout comme l'est un corps sans âme.

Paul, à son tour, prend l'exemple d'Abraham pour démontrer que la foi n'est pas une condition statique, mais une marche progressive découlant d'une relation personnelle avec Dieu. Chaque étape de cette marche est un acte d'obéissance. A travers cette série d'étapes, la foi se développe pour finalement parvenir à maturité.

* * * * * * *

CHAPITRE 9

LA FOI DOIT ÊTRE ÉPROUVÉE

Nous avons vu que la foi doit être confessée de notre bouche et doit être révélée en action. Maintenant, nous arrivons au troisième impératif. C'est celui que nous n'aimons généralement pas affronter. Cependant, nous ne pouvons l'éviter: la foi doit être éprouvée.

Se réjouir dans la tribulation

Dans Romains 5:1-11, en parlant de notre relation de foi avec Dieu par Christ, Paul utilise le mot "glorifier" trois fois (en anglais "se réjouir", n.d.t.). C'est un mot très fort, qui dénote une confiance qui nous amène à nous glorifier.

Au verset 2, Paul dit: "Nous nous réjouissons en espérance de la gloire de Dieu." (Traduction d'après la version anglaise, n.d.t.) Ce n'est pas difficile à comprendre. Si nous croyons réellement que nous sommes héritiers de la gloire de Dieu et que nous allons la partager avec lui pour l'éternité, il est naturel de ressentir et d'exprimer notre joie et notre hâte par anticipation.

Au verset 3, Paul utilise le même mot et il dit: "... nous nous réjouissons même de nos afflictions." A première vue, cela semble ridicule. Qui peut imaginer se réjouir dans les tribulations – dans l'épreuve, dans la persécution, dans la solitude et dans l'incompréhension, ou bien dans la pauvreté, la maladie ou le deuil? Pourquoi Paul suggère-t-il, ou Dieu s'attend-il, que nous nous réjouissions dans de telles circonstances?

Heureusement, Paul nous en donne la raison en continuant: "... sachant que l'affliction produit la persévérance, la persévérance la victoire dans l'épreuve et cette victoire, l'espérance. Or, l'espérance ne trompe point, parce que l'amour de Dieu est répandu dans nos cœurs par le Saint-Esprit qui nous a été donné." (versets 3 à 5) Pour résumer la réponse de Paul, la raison pour laquelle nous devons nous réjouir même dans les tribulations est que lorsque l'épreuve est reçue comme venant de Dieu et endurée avec foi, elle produit des résultats dans notre caractère qui ne peuvent être obtenus autrement.

En analysant la réponse de Paul en détail, nous voyons qu'il énumère quatre étapes successives dans l'évolution du caractère résultant de la persévérance dans la tribulation.

Tout d'abord, celle de la persévérance. On pourrait aussi traduire par endurance. C'est un aspect essentiel du caractère chrétien. Sans elle, nous ne pourrons pas entrer dans les bénédictions de Dieu et ce qu'il a prévu pour nous.

Puis celle d'un caractère éprouvé. Le mot grec traduit ici est "dokime". Certaines versions modernes donnent "force de caractère" (la Bible vivante), "caractère mûr" (J.B. Phillips), "l'approbation de Dieu" (Bible de Jérusalem) ou "la preuve que nous avons passé le test" (New English Bible). Le mot est étroitement lié avec du métal qui a passé le test du creuset, image sur laquelle nous reviendrons bientôt.

Ensuite, celle de l'espérance. J.B. Phillips dit "une ferme espérance". Ce n'est pas un rêve ou de vaines pensées qui nous permettent d'échapper à la réalité; cette espérance est une attente ferme, sereine, confiante du bien – le bien qui ressortira de l'épreuve.

Enfin, celle de l'amour de Dieu déversé dans nos cœurs qui, loin d'être une déception, excède de beaucoup tout ce que nous aurions pu espérer. L'objectif final de Dieu, par rapport à notre caractère, est de nous amener à jouir de son amour divin.

Au verset 11, nous en arrivons à la troisième utilisation du mot, qui est se réjouir: "... et non seulement cela, mais encore nous nous réjouissons en Dieu par notre Seigneur Jésus-Christ..." Ici encore, nous trouvons un objectif divin. Dieu ne se contente pas que notre joie ou notre confiance repose sur ce qu'il a fait pour nous, même si ses bénédictions, ses dons et ses cadeaux sont merveilleux; le but de Dieu est que nous puissions trouver notre satisfaction finale et suprême en lui seul. Sans le processus de développement de notre caractère déjà souligné, cela ne serait pas possible. C'est une marque de maturité spirituelle certaine lorsque Dieu lui-même, et Dieu seul, devient la source de notre plus grande joie et l'objet de toute notre consécration.

Il est intéressant de comparer l'enseignement de Paul dans ce passage de Romains 5 avec celui de 1 Corinthiens 13, le fameux chapitre sur l'amour. Dans l'épître aux Romains, Paul nous montre que la voie pour entrer dans la plénitude de l'amour divin est la persévérance ou l'endurance. Dans 1 Corinthiens 13:7, il le dit autrement. Il nous affirme que l'amour est la seule chose assez forte pour surmonter les épreuves, qu'"il excuse tout, il croit tout, il espère tout, il supporte tout". L'Ecriture crée un lien indéfectible entre l'amour et l'endurance.

De nouveau, dans Romains 5, Paul présente la foi, l'espérance et l'amour comme trois phases successives de l'expérience chrétienne, qui sont la foi conduisant à l'espérance, et l'espérance à l'amour. Dans 1 Corinthiens 13:13, il présente ces trois qualités dans le même ordre, mais il souligne que, bien que toutes soient des valeurs permanentes, l'amour est la plus grande: "Maintenant donc ces trois choses demeurent: la foi, l'espérance et l'amour; mais la plus grande de ces choses, c'est l'amour." Lorsque nous contemplons ces trois belles qualités dans le miroir de la parole de Dieu, nous devons laisser les yeux de notre cœur fixés sur elles jusqu'à ce qu'elles deviennent une partie de notre caractère. De cette façon, la vérité de 2 Corinthiens 3:18 se réalisera dans notre vie: "Nous tous qui, le visage découvert, contemplons comme dans un miroir la gloire du Seigneur, nous sommes transformés en la même image, de gloire en gloire, comme par le Seigneur, l'Esprit." De gloire en gloire, cela signifie, du moins en partie, de la foi à l'espérance et de l'espérance à l'amour.

Dans son épître, chapitre 1:2-4, Jacques prend le même modèle de foi qui grandit grâce à l'épreuve: "Mes frères, considérez comme un sujet de joie complète les diverses épreuves auxquelles vous pouvez être exposés, sachant que l'épreuve de votre foi produit la patience. Mais il faut que la patience accomplisse parfaitement son œuvre, afin que vous soyez parfaits et accomplis, sans faillir en rien."

Paul nous dit que nous devons nous réjouir des tribulations, et Jacques que nous devons considérer nos épreuves avec joie. Tout cela est contraire à notre pensée naturelle, mais tous deux donnent les mêmes raisons: l'épreuve – et l'épreuve seule – peut produire l'endurance, et c'est là la seule façon dont nous pouvons entrer dans la plénitude de la volonté de Dieu pour nous. Jacques exprime cela en disant "afin que vous soyez parfaits et accomplis, sans faillir en rien". Ayant une telle vision, nous avons une raison logique d'accepter l'épreuve de notre foi avec joie.

L'épreuve du feu

Tout comme Paul et Jacques, Pierre nous prévient également des épreuves que notre foi devra endurer. Dans 1 Pierre 1:5, il décrit les chrétiens comme ceux "qui, par la puissance de Dieu, sont gardés par la foi pour le salut prêt à être révélé dans les derniers temps". Il souligne que c'est seulement par la foi que la puissance de Dieu peut effectivement se manifester dans nos vies; la foi persévérante est donc une condition essentielle pour participer au salut final complet. Aux deux versets suivants, il décrit le processus d'épreuve de notre foi: "C'est là (c'est-à-dire l'attente du salut) ce qui fait votre joie, quoique maintenant, puisqu'il le faut, vous soyez attristés pour un peu de temps par diverses épreuves, afin que l'épreuve de votre foi, plus précieuse que l'or périssable (qui cependant est éprouvé par le feu) ait pour résultat la louange, la gloire et l'honneur lorsque Jésus-Christ apparaîtra."

Pierre compare ici l'épreuve de notre foi à la façon dont l'or était éprouvé et purifié, par le feu dans un fourneau. Il revient à ce thème dans 1 Pierre 4:12-13: "Bien-aimés, ne soyez pas surpris comme d'une chose étrange qui vous arrive, de la fournaise qui est au milieu de vous pour vous éprouver. Réjouissez-vous, au contraire, de la part que vous avez aux souffrances de Christ, afin que vous soyez aussi dans la joie et dans l'allégresse lorsque sa gloire apparaîtra."

Au début, tandis que nous passons par "la fournaise", nous pouvons trouver cela étrange, comme quelque chose qui n'appartient pas à la vie chrétienne. Pierre nous assure que, au contraire, cette épreuve est une partie nécessaire de la vie chrétienne, essentielle pour purifier notre foi tout comme le feu est nécessaire à la purification de l'or. Il nous exhorte donc à nous réjouir. Nous trouvons encore, dans l'épître de Pierre, ce que nous avons trouvé chez Paul et Jacques, le paradoxe apparent de l'épreuve intense associée à une joie intense.

Dans Malachie 3:2-3, le prophète décrit une image vivante de Jésus, le Messie attendu depuis si longtemps, venant vers son peuple et les traitant comme un fondeur traite l'or et l'argent: "Qui pourra soutenir le jour de sa venue? Qui restera debout quand il paraîtra? Car il sera comme le feu du fondeur, comme la potasse des foulons. Il s'assiéra, fondra et purifiera l'argent; il purifiera les fils de Lévi, il les épurera comme on épure l'or et l'argent; et ils présenteront à l'Eternel des offrandes avec justice."

En purifiant l'or et l'argent, le fondeur des temps bibliques suspendait le métal dans un creuset sur le feu le plus brûlant possible. En général, il faisait du feu dans un genre de four en argile et il utilisait un soufflet pour l'attiser. Quand le métal bouillonnait dans le creuset, les scories, c'est-à-dire les impuretés, remontaient à la surface et étaient enlevées (voir Proverbe 25:4). Ce procédé durait tant que toutes les impuretés n'avaient pas été ôtées, afin qu'il ne subsiste que le métal raffiné.

On dit que le fondeur penché sur le métal au-dessus de son creuset n'était satisfait de la pureté que lorsqu'il pouvait voir son image se refléter parfaitement à la surface. De la même manière, le Seigneur, notre fondeur, continue d'appliquer les feux de l'épreuve jusqu'à ce qu'il voie en nous sa propre image se refléter sans distorsion dans nos vies.

Les épreuves et les afflictions sont le creuset grâce auxquelles Dieu raffine et purifie son peuple jusqu'à ce qu'il satisfasse les conditions de sa sainteté. De nombreux prophètes de l'Ancien Testament appliquent joliment l'image au reste d'Israël qui doit survivre aux jugements de Dieu et retrouver sa faveur. Par exemple, dans Esaïe 48:10, il leur dit: "Je t'ai mis au creuset, mais non pour retirer de l'argent; je t'ai éprouvé dans la fournaise de l'adversité." Puis, dans Zacharie 13:9: "Je mettrai ce tiers dans le feu, et je le purifierai comme on purifie l'argent, je l'éprouverai comme on éprouve l'or, il invoquera mon nom, et je l'exaucerai; je dirai: C'est mon peuple! Et il dira: L'Eternel est mon Dieu!"

Les métaux passant le test de la fournaise sont appelés "raffinés". Ceux-là seuls ont une valeur reconnue. Les métaux ne passant pas le test sont appelés "rejetés". Dans Jérémie 6:30, Israël est appelé "argent méprisable", car même les jugements sévères et répétés de Dieu n'ont pas réussi à le purifier.

Dans le Nouveau Testament, Pierre, Jacques et Paul ensemble soulignent que, dans les épreuves par lesquelles nous passons, c'est notre foi qui est testée. C'est le métal de la valeur suprême qui ne peut être accepté à moins qu'il n'ait passé le test du feu. Lors de son dernier repas, Jésus avertit Pierre qu'il allait bientôt renier son Seigneur; dans ce contexte, il lui dit: "Mais j'ai prié pour toi, afin que ta foi ne défaille point." (Luc 22:32) Prévoyant les pressions à venir et les faiblesses du caractère de Pierre, son échec à l'heure de la crise était inévitable. Rien ne pouvait l'éviter. Malgré cela, tout ne serait pas perdu; le chemin serait encore ouvert pour qu'il retourne et confesse son Seigneur une fois encore, à une condition, celle que sa foi ne défaille pas.

C'est la même chose pour chacun d'entre nous. Il y aura des moments de pression qui nous paraîtront insoutenables. Il se peut que, comme Pierre, nous faiblissions et échouions temporairement. Mais tout n'est pas perdu! Nous pouvons revenir à une condition, celle que notre foi ne défaille pas. Il n'est donc pas étonnant que la foi soit appelée "précieuse" – infiniment plus que sa contrepartie matérielle, l'or qui est périssable. Tant que nous n'abandonnons pas notre foi sous la pression, nous pourrons faire écho aux paroles de Job dans ses jours d'épreuve et de désastre apparent: "Il sait néanmoins quelle voie j'ai suivie; et s'il m'éprouvait, je sortirais pur comme l'or." (Job 23:10)

Deux sortes d'épreuves

La parabole du semeur, relatée dans Matthieu 13:3-8 et 18-23, décrit la réponse de quatre sortes de personnes différentes au message de la parole de Dieu. La semence tombant sur le bord de la route représente les gens qui n'ont jamais reçu le message dans leur cœur. La semence tombant dans la bonne terre représente les gens qui ont reçu le message dans leur cœur et, avec la foi et l'obéissance, portent du fruit durablement. Entre ces deux groupes, Jésus décrit deux autres types de personnes représentées par la semence tombant dans les lieux pierreux et celle tombant dans les épines. Les gens de ces deux groupes ont reçu le message dans leur cœur; plus tard, ils n'ont pas réussi à remplir les conditions pour produire du bon fruit qui dure. Nous pourrions donc dire de ces deux groupes qu'ils n'ont pas passé les épreuves auxquelles ils ont été soumis après avoir reçu la parole de Dieu.

Quel genre de test cela représente-t-il pour chacun de ces deux groupes? Regardons d'abord la semence qui tombe dans les endroits pierreux. Dans Matthieu 13:20-21, Jésus dit, de ce genre de personne: "Celui qui a reçu la semence dans les endroits pierreux, c'est celui qui entend la parole et qui la reçoit aussitôt avec joie; mais il n'a pas de racine en lui-même, il manque de persistance, et, dès que survient une tribulation, ou une persécution à cause de la parole, il y trouve une occasion de chute."

Les paroles exactes que Jésus utilise ici sont significatives. Il ne dit pas "si les tribulations ou la persécution surviennent", mais "dès que survient une tribulation ou une persécution". Autrement dit, la tribulation et la persécution doivent arriver, à un moment ou à un autre, pour tous ceux qui reçoivent la parole de Dieu. La question pour chacun n'est pas de savoir si nous allons devoir affronter ces choses, mais si notre caractère aura été assez formé pour que nous en sortions victorieux, avec une foi intacte. Pour cela, nous devons permettre à la parole de Dieu de pénétrer même dans les profondeurs de notre cœur, mettant tout en accord avec sa volonté. Il ne doit y avoir nulle part "d'endroit pierreux" en nous qui résiste à l'application de la Parole dans chaque domaine de notre vie.

Qu'en est-il de la semence tombant parmi les épines? Dans Matthieu 13:22, Jésus dit de ce genre de personne: "Celui qui a reçu la semence parmi les épines, c'est celui qui entend la parole, mais en qui les soucis du siècle et la séduction des richesses étouffent cette parole, et la rendent infructueuse."

L'épreuve qui élimine ces personnes n'est pas celle de la tribulation ni celle de la persécution. Au contraire, ce sont les soucis du monde et ses richesses. Les pressions de la popularité humaine et des succès matériels étouffent la vérité de Dieu qu'elles ont reçue et, à la fin, celle-ci n'a plus aucun effet dans leur vie. Au lieu d'être transformées en la même image que Christ, elles deviennent conformes à l'incroyant, entourées par ce monde qui rejette Christ.

Nous pourrions dire très simplement que ces deux groupes représentent les deux types d'épreuves auxquelles tout chrétien peut s'attendre à être soumis. La première vient lorsque la situation est trop difficile, la seconde quand les situations sont trop faciles. Certaines personnes abandonnent sous la pression de la persécution, d'autres sous la pression du succès matériel. Dans le livre des Proverbes, il y a une maxime s'appliquant à ces deux types de personnes. A celles qui capitulent devant la persécution, Salomon leur dit: "Si tu faiblis au jour de la détresse, ta force n'est que détresse." (Proverbe 24:10) A celles qui ne peuvent se passer du succès, Salomon leur dit: "Car la résistance des stupides les tue, et la prospérité des insensés les détruira." (Proverbe 1:32, traduit de l'anglais) Il est tragique de noter que Salomon lui-même appartenait à cette seconde catégorie. Au lieu de la sagesse de Dieu, à la fin de sa vie, sa prospérité l'a rendu stupide et a causé sa perte.

D'un autre côté, nous voyons en Moïse un homme qui a supporté ces deux épreuves. Durant quarante ans, il a joui de la richesse et du luxe de la cour égyptienne, étant probablement l'héritier du trône de Pharaon. Mais alors, lorsqu'il est devenu un homme, il tourne le dos à tout cela et choisit le chemin de la solitude et de l'échec apparent. Cela est décrit dans Hébreux 11:24-25: "C'est par la foi, que Moïse, devenu grand, refusa d'être appelé fils de la fille de Pharaon, aimant mieux être maltraité avec le peuple de Dieu que d'avoir pour un temps la jouissance du péché."

Durant les quarante années qui ont suivi, Moïse a enduré l'épreuve de l'affliction. Il était en exil, loin de son peuple, ne valant rien aux yeux du monde, gardant un troupeau de moutons pour son beau-père dans le coin le plus reculé d'un lieu désertique.

Pourtant, lorsque Moïse a enfin surmonté ces deux épreuves, à l'âge de quatre-vingts ans, il en est ressorti comme le libérateur choisi par Dieu et le chef de son peuple. Quel exemple frappant des paroles déjà citées de Jacques 1:4: "Mais il faut que la patience accomplisse parfaitement son œuvre, afin que vous soyez parfaits et accomplis, sans faillir en rien."

Les deux imposteurs

Dans son célèbre poème intitulé "Si", Rudyard Kipling dit quelque chose de particulièrement vrai concernant le succès et l'échec: "Si vous rencontrez le triomphe et le désastre et que vous traitiez ces deux imposteurs de la même manière..."

Que nous les appelions succès et échec ou triomphe et désastre, la description de Kipling est correcte; ce sont tous deux des imposteurs. Aucun des deux n'est réellement ce qu'il prétend être; aucun n'est permanent.

Heureusement, nous avons un exemple parfait de la façon dont nous devons traiter ces deux imposteurs. Personne ne les a mieux connus ni n'a été mieux confrontés à eux que Jésus lui-même. Il a vécu des moments de succès sans pareil, lorsque la foule a étalé ses vêtements sur la route devant lui, et l'a accueilli comme le prophète de Dieu à Jérusalem. Mais il a aussi expérimenté des moments d'échec complet lorsque, une semaine plus tard, la même foule criait: "Crucifie-le! Crucifie-le!", tandis que ses amis les plus proches et ses disciples l'avaient tous abandonné. Pourtant Jésus ne s'est jamais réjoui à l'excès de ses succès ni laissé abattre par l'échec. A chaque instant, il était motivé par un but suprême, celui de faire la volonté de son Père et accomplir l'œuvre qu'il lui avait confiée. Ce but, inlassablement poursuivi, lui a donné la victoire dans ces deux épreuves – le succès tout comme l'échec.

Dans Hébreux 12:1-2, l'auteur nous met d'abord au défi avec le récit des croyants de l'Ancien Testament dont la foi a surmonté toutes les épreuves, puis il nous montre Jésus comme le modèle parfait de l'endurance et de la victoire finale: "Nous donc aussi, puisque nous sommes environnés d'une si grande nuée de témoins, rejetons tout fardeau, et le péché qui nous enveloppe si facilement, et courons avec persévérance dans la carrière qui nous est ouverte, ayant les regards sur Jésus, le chef et le consommateur de la foi, qui, en vue de la joie qui lui était réservée, a souffert la croix, méprisé l'ignominie, et s'est assis à la droite du trône de Dieu."

En suivant cette exhortation et en faisant de Jésus notre modèle, nous voyons qu'il est en vérité en même temps "le chef et le consommateur de la foi". Lui qui, par sa grâce, a commencé une œuvre en chacun de nous, la rendra par sa grâce parfaite. Sa victoire devient la garantie de la nôtre. Tout ce qu'il nous demande, c'est de garder les yeux fixés sur lui.

Résumé

L'Ecriture nous avertit clairement que notre foi sera soumise à de sévères épreuves. Celles-ci sont nécessaires pour prouver son authenticité et pour former un caractère chrétien fort en nous.

Paul énumère quatre résultats d'une telle épreuve qui sont la persévérance (ou l'endurance), un caractère éprouvé, l'espérance (une attente confiante forte et sereine du bien) et l'amour de Dieu qui remplit nos cœurs. Enfin, l'épreuve nous apporte une relation avec Dieu dans laquelle nous ne trouvons de satisfaction qu'en lui.

Jacques et Pierre enseignent tous deux que la tribulation est une partie nécessaire de notre expérience chrétienne globale. Pierre compare les épreuves que nous traversons au feu utilisé par un fondeur pour purifier l'or et lui donner la plus grande valeur, image qui est également utilisée par les prophètes de l'Ancien Testament pour signifier les rapports de Dieu avec Israël.

Paul, Jacques et Pierre nous assurent avec insistance qu'une fois que nous avons compris le but de nos tribulations, nous les supporterons avec joie. Même si nous subissons temporairement de grandes pressions, nous ne devons jamais abandonner notre foi.

L'épreuve prend deux formes principales: lorsque les situations sont trop dures et lorsque les choses sont trop faciles. Moïse est un exemple de l'homme ayant connu ces deux épreuves et qui est finalement devenu le chef de son peuple comme Dieu l'avait prévu. Cependant, l'exemple parfait du rapport entre le succès et l'échec, c'est Jésus lui-même. Si nous suivons son exemple, il amènera notre foi à sa pleine maturité.

* * * * * * *

CHAPITRE 10

LA MESURE DE LA FOI

Une étude pratique de la foi dans la vie chrétienne doit prendre en compte l'enseignement de Paul dans Romains 12:1-8 sur "la mesure de la foi": "Je vous exhorte donc, frères, par les compassions de Dieu, à offrir vos corps comme un sacrifice vivant, saint, agréable à Dieu, ce qui sera de votre part un culte raisonnable. Ne vous conformez pas au siècle présent, mais soyez transformés par le renouvellement de l'intelligence, afin que vous discerniez quelle est la volonté de Dieu, ce qui est bon, agréable et parfait. Par la grâce qui m'a été donnée, je dis à chacun de vous de n'avoir pas de lui-même une trop haute opinion, mais de revêtir des sentiments modestes, selon la mesure de foi que Dieu a départie à chacun. Car, comme nous avons plusieurs membres dans un seul corps, et que tous les membres n'ont pas la même fonction, ainsi, nous qui sommes plusieurs, nous formons un seul corps en Christ, et nous sommes tous membres les uns des autres. Puisque nous avons des dons différents, selon la grâce qui nous a été accordée, que celui qui a le don de prophétie l'exerce selon l'analogie de la foi; que celui qui est appelé au ministère s'attache à son ministère; que celui qui enseigne s'attache à son enseignement, et celui qui exhorte à l'exhortation. Que celui qui donne le fasse avec libéralité; que celui qui préside le fasse avec zèle; que celui qui pratique la miséricorde le fasse avec joie."

Paul commence ce chapitre avec ces mots: "Je vous exhorte donc frères..." Certains ont remarqué que, lorsqu'il y a un "donc" dans la Bible, nous devons en trouver le "pourquoi"! Dans le cas présent, "donc" se réfère à tout ce que Paul a dit dans les onze chapitres précédents de l'épître aux Romains. Dans les chapitres 1 à 8, il a expliqué comment Christ, par sa mort sur la croix, a accompli une expiation complète et finale pour le péché et toutes ses conséquences. Dans les chapitres 9 à 11, il traite de l'endurcissement et de l'aveuglement d'Israël, le peuple de Dieu sous l'Ancienne Alliance, et de l'infinie grâce et patience que Dieu continue à lui manifester.

Ayant donc expliqué la grâce de Dieu envers les Juifs et les païens, Paul dit "donc..." A la lumière de tout ce que Dieu a fait pour nous tous, quel est notre "service spirituel" ou "logique" ("logique" est l'autre traduction proposée en marge pour spirituel)? Quelle est la moindre des choses que Dieu peut nous demander? Que nous lui offrions nos "corps comme un sacrifice vivant", que nous nous sacrifions entièrement et sans réserve sur l'autel de Dieu. Lorsque Paul parle d'un "sacrifice vivant", il oppose notre sacrifice à ceux faits sous l'Ancienne Alliance. Sous celle-ci, le corps de l'animal offert en sacrifice était d'abord tué, puis placé sur l'autel. Sous la Nouvelle Alliance, chacun de nous doit mettre son corps entièrement et finalement à la disposition de Dieu, mais avec une différence, celle que notre corps n'est pas tué; il est laissé en vie pour servir Dieu vivant plutôt que mort.

Cette offrande de notre corps à Dieu comme un sacrifice vivant représente un abandon total envers lui. Elle nous ouvre le chemin pour une série d'étapes qui nous conduisent au centre même de sa volonté et de son plan. La première d'entre elles est de commencer par changer notre style de vie. Nous cessons de "nous conformer au monde", nous sommes "transformés". Cette transformation ne vient pas d'un chapelet de règles régissant notre conduite extérieure dans des domaines tels que la nourriture, l'habillement, les ornements ou les loisirs; elle vient d'un changement intérieur dans notre esprit. Nous sommes "renouvelés dans notre intelligence". Toutes nos vieilles attitudes, valeurs et priorités sont réajustées.

Avant cela, dans Romains 8:7, Paul nous dit que "l'affection de la chair est inimitié contre Dieu, parce qu'elle ne se soumet pas à la loi de Dieu". "L'affection charnelle" décrit la façon qui est devenue naturelle pour chacun d'entre nous de penser, résultat de notre péché et de notre rébellion. Cet esprit est en fait "inimitié contre Dieu". Dans les rapports humains, une personne ne révèle jamais à un ennemi les choses qui sont importantes ou précieuses pour lui. Il en est de même avec Dieu. Tant que notre esprit est en inimitié avec lui, il ne nous révélera pas beaucoup de choses précieuses et merveilleuses. Une fois notre esprit réconcilié avec lui par un acte d'abandon, il n'est plus en inimitié contre lui, mais devient progressivement "renouvelé" par le Saint-Esprit.

Dieu peut commencer par révéler à notre intelligence renouvelée sa "volonté", le plan spécial qu'il a pour la vie de chacun d'entre nous. La volonté de Dieu se développe en trois étapes successives à mesure que notre esprit se renouvelle. Dans la première étape, la volonté de Dieu est "bonne"; nous découvrons qu'il ne veut que ce qui est bon pour nous. Dans la deuxième étape, la volonté de Dieu est "acceptable". Plus nous la comprenons, plus nous sommes prêts à l'accepter. Dans la troisième étape, la volonté de Dieu est parfaite; elle est complète, avec un plan parfait pour chacun des domaines de notre vie.

Notre intelligence ainsi renouvelée, nous "n'avons pas de nous-mêmes une trop haute opinion"; nous cessons d'être fiers, égoïstes, autoritaires. Nous ne nous soumettons plus à de vaines pensées ou à la tromperie. Nous devenons sobres et réalistes, nous cultivons "un jugement sain". Nous commençons à assimiler la pensée de Jésus qui dit au Père: "Non pas ma volonté, mais la tienne." Les plans et les desseins de Dieu sont maintenant plus importants que les nôtres.

Cela nous conduit à la découverte suivante, qui est que Dieu a dévolu à chacun d'entre nous une "mesure de foi" spécifique. Ce n'est pas à nous de déterminer combien de foi nous allons avoir; Dieu l'a déjà mesurée pour nous et a donné à chacun la quantité dont il avait besoin. Quel critère Dieu utilise-t-il pour calculer la mesure de foi dont nous avons besoin?

La réponse de Paul consiste à expliquer comment fonctionne le corps de Christ: "Car comme nous avons plusieurs membres dans un seul corps, et que tous les membres n'ont pas la même fonction, ainsi, nous qui sommes plusieurs, nous formons un seul corps en Christ, et nous sommes tous membres les uns des autres." (Romains 12:4-5) En tant que chrétiens, nous formons ensemble un corps complet. Dans ce dernier, chacun d'entre nous est un membre particulier, avec une place et une fonction spécifiques. L'un est le nez, un autre une oreille, un troisième une main, tandis qu'un autre encore un pied, etc.

Dans 1 Corinthiens 12:12-28, Paul traite plus en profondeur le concept du corps et de ses membres. Il dit que c'est Dieu qui a placé "les membres de son corps comme il l'a voulu" (verset 18). Aucun de nous ne peut choisir sa place ou sa fonction dans le corps. Tout ce que nous pouvons faire, c'est de trouver et d'être à la place que Dieu a prévue pour nous. Pour cela, comme nous l'avons déjà dit, il faut avoir "l'intelligence renouvelée".

Paul continue en faisant remarquer qu'en tant que membres d'un corps, nous sommes interdépendants. Nous avons besoin les uns des autres. Aucun d'entre nous n'est libre de faire ce qui lui plaît sans égard pour les autres membres. "Et l'œil ne peut pas dire à la main: je n'ai pas besoin de toi, ou la tête au pied: je n'ai pas besoin de toi."

(verset 21) La tête est le membre le plus haut, image de Christ lui-même (voir Ephésiens 4:15). Les pieds sont les membres les plus bas, à l'autre bout du corps. Pourtant la tête a besoin du pied et ne peut s'en passer. A la lumière de cela, nous voyons plus clairement pourquoi Paul dit que, pour trouver une place dans le corps, nous ne devons pas avoir une trop haute opinion de nous-mêmes, mais que nous devons apprendre à être modeste et réaliste.

L'image du corps et de ses membres nous permet de comprendre ce que Paul veut dire par "mesure de foi". Chacun de nous est un membre dans le corps ayant une fonction spécifique. Pour accomplir notre fonction, nous avons besoin d'une "mesure de foi" spécifique. Le type et la quantité de foi dont chaque membre a besoin varie. Un œil a besoin de la "foi de l'œil". Une main a besoin de la "foi de la main". Un pied a besoin à besoin de la "foi du pied". Cette mesure de foi n'est pas interchangeable. La foi permettant à la main de fonctionner ne conviendra pas à un pied. La foi permettant à un œil de fonctionner ne conviendra pas à une oreille. Chaque membre doit avoir sa mesure de foi spécifique et appropriée.

Quand nous avons trouvé notre place dans le corps et que nous fonctionnons avec la mesure de foi appropriée, nous sommes prêts pour la phase suivante du plan de Dieu pour nous, c'est-à-dire les dons (en grec "charismata"): "Puisque nous avons des dons différents, selon la grâce qui nous a été accordée, que celui qui a le don de prophétie l'exerce selon l'analogie de la foi..." (Romains 12:6) (En anglais, "selon la proportion de sa foi", n.d.t.) En plus de la prophétie, Paul cite encore six autres dons qui sont le ministère, l'enseignement, l'exhortation, le don, la présidence et la pratique de la miséricorde. Ce n'est en aucun cas une liste exhaustive de tous les dons possibles ("charismata"), mais uniquement une sélection afin que nous ayons une idée de toutes les possibilités.

Ici est établi un principe important, celui du placement et de la fonction dans le corps venant avant les dons. Beaucoup de chrétiens sont à tort préoccupés par les dons et les ministères. Ils concentrent leur esprit sur certains dons de leur choix. En général, il faut qu'ils soient spectaculaires comme ceux de guérison ou de miracles, ou le ministère d'évangéliste ou d'apôtre. Il est vrai que, dans 1 Corinthiens 12:31, Paul nous dit d'"aspirer aux dons les meilleurs". Il faut cependant noter qu'il ne nous dit pas quels sont "les dons les meilleurs". Il n'y a à ce propos pas de critère absolu. La valeur des dons est relative à la place dans le corps; ceux me rendant capables d'accomplir le mieux la fonction que Dieu m'a assignée sont pour moi "les dons les meilleurs".

Les chrétiens qui sont, à tort, préoccupés par des dons spectaculaires ou extraordinaires n'ont pas pris garde à l'avertissement de Paul nous recommandant de cultiver "un jugement sain". Notre première responsabilité n'est pas de décider des dons que nous voudrions avoir, mais de trouver notre place dans le corps de Christ. Cela aura pour effet de déterminer le type de dons dont nous avons besoin pour agir efficacement là où nous sommes. L'expérience montre qu'une fois qu'un chrétien a réglé la question de sa place et de sa fonction, les dons nécessaires se mettent en œuvre presque spontanément, sans effort inutile ni lutte.

Nous pouvons maintenant résumer l'enseignement de Paul dans Romains 12:1-8. A la lumière de la grâce et de la miséricorde insondables que Dieu nous a révélées en Christ, notre réponse logique veut que nous passions par ces étapes successives:

1. Nous présentons d'abord notre corps comme "un sacrifice vivant" à Dieu.
2. Par cet acte d'abandon, notre intelligence est progressivement renouvelée par le Saint-Esprit.
3. La marque visible de ce changement de notre intelligence est que toute notre façon de vivre commence à changer; nous sommes "transformés".
4. Notre intelligence renouvelée, nous pouvons appréhender la volonté de Dieu pour notre vie sur trois niveaux: "bonne", "agréable" et "parfaite".
5. La volonté de Dieu expérimentée nous place à l'endroit que Dieu a prévu pour nous comme membre du corps de Christ et nous permet d'agir là.
6. Nous découvrons ensuite que Dieu nous a donné une "mesure de foi" exactement proportionnelle à notre place et à notre fonction dans le corps. La foi de l'oreille, si nous devons être une oreille, la foi de l'œil, si nous devons être un œil.
7. Si nous œuvrons à la place prévue avec la mesure de foi donnée, les "dons" dont nous avons besoin arrivent.

Dans le chapitre six, nous avons étudié l'affirmation de Paul dans Romains 10:17 selon laquelle "la foi vient de ce qu'on entend, et ce qu'on entend vient de la parole de Dieu". Comment pouvons-nous relier cela à l'enseignement de Paul dans Romains 12:3-5 qui nous dit que Dieu a alloué à chacun d'entre nous une mesure spécifique de foi, directement en relation avec la place et la fonction que nous occupons dans le corps de Christ?

La réponse, je le crois, est celle-ci: l'écoute sert au chrétien de la même manière que le radar sert à l'avion. Plus nous devenons sensibles au radar du "rhema" de Dieu – la parole particulière qu'il nous donne personnellement –, plus nous serons guidés facilement et en toute sécurité vers la place et la fonction qui nous sont allouées dans le corps de Christ. Trouver notre place, c'est comme l'avion qui atterrit exactement sur la piste. L'écoute est le radar qui nous amène exactement là où Dieu veut que nous soyons. Si nous continuons à écouter chaque nouveau "rhema" qui nous vient de Dieu, nous sommes maintenus à notre place et nous pouvons y œuvrer efficacement.

Le fait que Dieu ait alloué à chacun d'entre nous une mesure de foi spécifique ne doit pas nous laisser croire que notre foi doit rester statique. Au contraire, à mesure que notre capacité à œuvrer efficacement dans le corps augmente, notre foi suit en proportion. Un fonctionnement plus efficace demande une foi plus grande. Inversement, une foi grandissante produit un fonctionnement plus efficace. Il y a cependant toujours une corrélation entre la foi et la fonction.

Vu sous cet angle, la foi n'est pas un genre de marchandise que nous pourrions acheter ou troquer sur les places financières religieuses. C'est plutôt l'expression de notre relation avec Dieu, le résultat d'un acte d'abandon qui nous met à l'unisson avec le plan de Dieu pour notre vie. Si nous continuons dans la soumission et l'obéissance envers Dieu, notre foi nous permet de prendre notre place et de remplir la fonction que celui-ci a prévue pour nous. Cette foi est très personnelle; elle est une mesure spécifique allouée à chacun d'entre nous. "Ma" foi ne fonctionnera pas pour toi. "Ta" foi ne marchera pas pour moi. Chacun d'entre nous doit avoir sa propre mesure de foi pour remplir individuellement sa fonction dans le corps.

Alors que j'étais encore un jeune chrétien, je me souviens avoir été très impressionné par la foi que je voyais dans la vie d'un frère plus mûr qui avait fait de grands sacrifices pour le Seigneur et qui avait remporté des victoires. Presque sans m'en rendre compte, j'ai dit un jour au Seigneur: "Seigneur, je ne crois pas que je pourrais un jour avoir une foi comme la sienne." Contre toute attente, le Seigneur m'a donné une réponse claire et pratique: "Tu ne peux pas avoir une telle foi, parce que tu n'en as pas besoin! Je ne t'ai pas demandé de faire ce que cette personne a fait." Depuis lors, je suis reconnaissant de la leçon que j'ai apprise à ce moment-là, que la foi que Dieu donne est proportionnelle à la tâche qu'il nous demande d'accomplir.

Plus tard, dans le ministère, j'ai vu de nombreux chrétiens qui n'avaient évidemment pas appris cette leçon. Ils suppliaient et luttaient constamment pour avoir la foi, et pourtant ils semblaient n'en avoir jamais assez. Il existait un manque d'harmonie entre leur foi et ce qu'ils cherchaient à faire. J'ai été convaincu que, dans la plupart des cas, ce n'était pas que Dieu ne leur avait pas donné assez de foi, mais que leur foi était mal dirigée. Ils l'utilisaient pour l'œuvre de leur choix, et non pour celle à laquelle Dieu les avait appelés.

Imaginez qu'un pied essaie de marcher avec un gant ou qu'une main veuille agir avec une chaussure. Bien entendu, aucun ne fonctionnera normalement. Il se peut qu'il n'y ait rien de mal dans les éléments impliqués: le pied, la main, le gant, la chaussure. Pris séparément, ils peuvent être bons et fonctionnels, mais ils sont mal assortis. Une main mettant une chaussure et voulant accomplir le travail d'un pied sera malhabile et échouera, tout comme un pied le sera avec un gant en essayant d'agir comme une main. Lorsque la main met le gant et le pied la chaussure, l'harmonie est restaurée et le succès garanti. Ainsi en est-il de la foi que Dieu donne. Elle convient au membre pour qui elle est prévue – comme un gant va à une main et une chaussure à un pied.

Dans Hébreux 4, l'auteur parle des chrétiens qui entrent dans leur héritage. Il dit: "Pour nous, qui avons cru, nous entrons dans le repos..." (verset 3) La foi doit nous amener à entrer dans le repos. Une fois que nous avons trouvé notre place dans l'héritage que Dieu nous donne, nous devrions connaître une paix intérieure profonde et sans partage. Il peut y avoir beaucoup de travail difficile, de pressions et d'opposition; mais au milieu de tout cela, il y a le repos intérieur. Un effort continuel et des luttes indiquent certainement que nous n'avons pas encore trouvé la fonction et la place que Dieu a prévues pour nous. Nous tâtonnons encore à l'exemple de la main dans une chaussure, ou nous trébuchons comme le pied dans un gant.

Un peu plus loin, toujours dans Hébreux 4, l'auteur dit: "Efforçons-nous donc d'entrer dans ce repos..." (verset 11) Il nous faut être zélés. Il n'y a pas de place pour la paresse ou l'indifférence dans la vie chrétienne, et nous devons comprendre le but vers lequel doit tendre notre diligence. Nous ne sommes pas exhortés en premier lieu à acquérir la foi; nous le sommes à trouver notre place dans l'héritage, la place que Dieu a prévue pour nous dans le corps. Une fois que nous y sommes parvenus, nous pourrons y œuvrer sans lutte ni efforts continuels, aussi facilement qu'un pied marche ou qu'une main saisisse.

Résumé

Le service chrétien efficace commence par un acte d'abandon par lequel nous présentons nos corps à Dieu comme "un sacrifice vivant". Cela a pour conséquence de changer toute notre façon de penser. Notre intelligence est "renouvelée", nos attitudes, valeurs et priorités s'ajustent progressivement. Les plans et les desseins de Dieu deviennent plus importants que les nôtres.

Avec l'intelligence renouvelée, nous pouvons nous voir, nous et les autres chrétiens, comme des membres individuels d'un corps. Cela demande que notre première priorité soit de trouver la place et d'accomplir la fonction dans ce corps que Dieu a prévue pour nous. Si nous y parvenons, nous découvrons que Dieu a alloué à chacun individuellement la "mesure de foi" dont nous avons besoin pour notre fonction.

En fonctionnant ainsi, avec la foi convenant à notre place, nous nous ouvrons à l'exercice de dons particuliers ("charismata") qui sont nécessaires. Ce sont pour nous "les dons les meilleurs".

Cependant, si nous courons toujours après la foi ou les dons, cela indique en général que nous n'avons pas encore trouvé notre place au sein du corps. Une fois que nous y sommes parvenus, il existe une harmonie de Dieu entre notre fonction, notre foi et nos dons.

* * * * * * *

CHAPITRE 11

LA FOI ANNULE LA CHUTE

Dans ce dernier chapitre, nous allons étudier le sujet de la foi sous un autre angle. Nous verrons que la foi biblique, telle que Dieu nous la communique et telle qu'elle œuvre dans nos vies, annule les effets de la chute.

L'Ecriture révèle que l'homme a été créé parfait et qu'il a été déchu de cet état à cause d'une transgression pour laquelle il était responsable devant Dieu. Ce dernier n'était cependant pas content de laisser l'homme dans son état de déchéance. A partir de là, l'Ecriture développe le magnifique thème de la rédemption. C'est le récit de la façon dont Dieu rachète l'homme pour lui-même par la mort de Christ sur la croix et la façon dont il œuvre à sa restauration, changeant sa nature et ses voies afin de le ramener au plan originel de Dieu. La clé de ce processus de restauration est la foi. Autrement dit, l'effet rédempteur de l'exercice de la foi consiste à inverser les conséquences de la chute.

La foi, la parole et la créativité

Pour bien comprendre cela, nous devons considérer la nature de l'homme, les étapes qui l'ont conduit à sa chute et la nature de la tentation à laquelle il a été soumis. Nous verrons ensuite comment la foi inverse ce processus. L'image originale de l'homme tel que Dieu l'a créé se trouve dans Genèse 1:26: "Puis Dieu dit: faisons l'homme à notre image, selon notre ressemblance..." Si nous suivons ce thème à travers l'Ecriture, nous découvrons que la "ressemblance" entre Dieu et l'homme prend de nombreux aspects différents.

Dans ce chapitre, nous nous concentrerons sur un aspect de la nature divine mentionné rarement, et pourtant très important, qui trouve sa contrepartie dans la nature de l'homme: sa capacité à exercer la foi. Cette dernière est une partie de la propre nature éternelle de Dieu. Sa capacité créatrice provient de sa foi. Tout ce qu'il fait, il le fait par la foi. Bien plus, sa foi trouve son expression dans les paroles qu'il prononce. Celles-ci sont les canaux de sa foi et, par conséquent, les instruments de sa capacité créatrice.

La puissance effective de la foi de Dieu dans sa Parole s'exprime avec force dans Ezéchiel 12:25. Ici, le Seigneur déclare: "Car moi, l'Eternel, je parlerai; ce que je dirai s'accomplira."

La phrase d'introduction "moi, l'Eternel" indique que ce qui suit fait partie de la nature éternelle et immuable de Dieu. Lorsque Dieu dit quelque chose, cela arrive. Ainsi en est-il de la foi dans sa propre parole.

Il y a un trait de la langue hébraïque illustrant très bien ce fait à propos de Dieu et de sa Parole. L'hébreu de l'Ancien Testament contient un mot, "dabar", qui peut se traduire aussi bien par "parole" que par "chose". Seul le contexte en indique la bonne traduction. Souvent les deux acceptions sont impliquées. Cela nous aide à comprendre que les paroles de Dieu sont des choses. Lorsque Dieu dit une parole avec sa foi, le mot devient une chose.

Dans le chapitre six de ce livre, nous avons vu qu'il en est de même pour le mot grec "rhema" utilisé dans le Nouveau Testament. Le "rhema" de Dieu – sa parole énoncée – venant de sa foi contient en lui la puissance d'accomplir ce qu'il a annoncé.

Dans Hébreux 11:3, il nous est dit que tout l'univers est sorti de la puissance créatrice de la foi de Dieu en ses propres paroles: "C'est par la foi que nous reconnaissons que le monde a été formé par la parole de Dieu, en sorte que ce qu'on voit n'a pas été fait de choses visibles." Au-delà de l'univers visible tout entier, la foi discerne une cause originelle suprême qui est invisible: la parole de Dieu. La foi humaine reconnaît donc l'œuvre de la foi divine.

Au chapitre trois, traitant du don de la foi, nous nous sommes référés au Psaume 33:6, 9 dans lequel David peint graphiquement le processus de création par la parole de Dieu: "Les cieux ont été faits par la parole de l'Eternel, et toute leur armée par le souffle de sa bouche [...] Car il dit, et la chose arrive, il ordonne, et elle s'accomplit."

Genèse 1:3 nous donne un exemple spécifique de la façon dont cela fonctionne: "Dieu dit: Que la lumière soit! Et la lumière fut." Lorsque Dieu a prononcé le mot "lumière", la chose "lumière" a été manifestée. La parole de Dieu énoncée devient une chose.

Nous en arrivons donc à trois conclusions sur la foi qui nous permettent de comprendre sa puissance unique et son importance. La foi fait d'abord partie de la nature éternelle de Dieu. Puis la foi est la puissance créatrice par laquelle Dieu a créé le monde. Enfin la foi de Dieu est exprimée et rendue efficace à travers les paroles qu'il prononce.

Puisque Dieu a créé l'homme avec la capacité d'exercer la foi, nous trouvons également en l'homme les deux autres capacités étant en rapport avec la foi et qui sont la possibilité de créer et celle de parler. Il est significatif que ces deux capacités, que l'homme partage avec Dieu, distinguent également l'homme des animaux.

Par sa nature, l'homme a une capacité de création. Il peut concevoir une chose qui n'a jamais existé, puis il a la possibilité de la planifier et de la faire exister. Cela le distingue de tous les animaux connus. Un oiseau, par exemple, peut construire un merveilleux nid, mais il le fait par instinct; il ne peut envisager une chose qui n'a jamais existé, la planifier et la créer. L'homme le peut. En ce sens, il est continuellement en train de créer.

La capacité de l'homme à créer est liée à sa capacité de parler. Sans elle, il serait incapable de formuler et d'exprimer ses desseins créateurs. La capacité de l'homme à avoir un discours intelligent articulé n'est partagée par aucun animal connu. C'est un des aspects de sa ressemblance avec Dieu.

Nous voyons donc que l'homme, tel qu'il a été créé à l'origine, partage trois aspects relatifs à la nature même de Dieu: la capacité d'exercer la foi, de parler et de créer.

L'attaque de Satan contre la foi

Puisque Dieu a partagé avec l'homme sa capacité d'exercer la foi, il lui demande de le faire. En conséquence, lorsque Dieu a créé l'homme, il l'a placé dans une situation où il avait besoin de la foi. Le récit de l'Ecriture nous dit clairement que Dieu, en tant que personne, n'est pas resté en permanence dans le jardin avec Adam; il l'a laissé avec un substitut à sa présence personnelle, qui est sa parole. Dans le premier chapitre, nous avons déjà vu que la foi nous relie à deux réalités invisibles: Dieu et sa Parole. C'était le genre de relation dans laquelle se trouvait Adam. Il avait été en contact direct avec Dieu mais, lorsque celui-ci n'a plus été présent en tant que personne dans le jardin, il a été obligé de se référer à Dieu à travers la parole qu'il lui avait laissée.

Cette parole est donnée dans Genèse 2:15-17: "L'Eternel Dieu prit l'homme, et le plaça dans le jardin d'Eden pour le cultiver et pour le garder. L'Eternel Dieu donna cet ordre à l'homme: Tu pourras manger de tous les arbres du jardin; mais tu ne mangeras pas de l'arbre de la connaissance du bien et du mal, car le jour où tu en mangeras, tu mourras."

Les versets 16 et 17 contiennent les paroles que Dieu a dites à Adam. Il y a trois catégories qui sont une permission, une interdiction et un avertissement. La permission: "Tu pourras manger de tous les arbres du jardin", l'interdiction: "Mais tu ne mangeras pas de l'arbre de la connaissance du bien et du mal", enfin l'avertissement: "Car le jour où tu en mangeras, tu mourras." C'était la triple parole de Dieu à Adam: une permission, une interdiction et un avertissement.

Tant que l'homme est demeuré relié à Dieu par sa Parole, il a été béni et en sécurité. Satan ne pouvait pas le toucher, mais il était déterminé à séparer l'homme de Dieu et à le dépouiller de ses bénédictions. Avec la ruse qui le caractérise, il n'a pas attaqué en défiant la relation entre Dieu et Adam; il a cherché à amoindrir la parole de Dieu pour Adam. De plus, il s'est approché de ce dernier à travers "son point faible", Eve.

La rencontre initiale entre Satan et Eve est décrite dans Genèse 3:1-3: "Le serpent était le plus rusé de tous les animaux des champs, que l'Eternel Dieu avait faits. Il dit à la femme: Dieu a-t-il réellement dit: Vous ne mangerez pas de tous les arbres du jardin? La femme répondit au serpent: Nous mangeons du fruit des arbres du jardin. Mais quant au fruit de l'arbre qui est au milieu du jardin, Dieu a dit: Vous n'en mangerez point et vous n'y toucherez point, de peur que vous ne mouriez."

Dans sa stratégie pour tromper Eve, Satan n'a pas commencé par renier directement la parole de Dieu, cela aurait été trop évident! Il a simplement commencé par la remettre en question: "Dieu a-t-il réellement dit...?" Je crois qu'Eve a perdu la bataille au moment où elle a envisagé cette question. Si nous voulons garder une bonne relation avec Dieu, il y a des questions auxquelles nous ne devons pas ouvrir notre esprit. Mais Eve s'est confiée en son propre jugement; elle a cru qu'elle avait la capacité de rivaliser avec ce serpent charmeur et intelligent qui s'est approché d'elle dans le jardin. La racine de son erreur a été la confiance en soi.

L'étape suivante de la stratégie de Satan est relatée dans Genèse 3:4: "Alors le serpent dit à la femme: Vous ne mourrez point."

Comme elle avait déjà envisagé la question, Eve n'avait plus la puissance de résister à ce démenti.

La stratégie de Satan n'était cependant pas encore achevée. Pour comprendre son objectif final, nous devons nous souvenir de deux conclusions auxquelles nous étions parvenus au chapitre cinq. Le but ultime de la véritable foi est d'abord Dieu lui-même. Si nous perdons la foi en lui en tant que personne, nous pouvons abandonner notre foi en sa parole. Si nous avons toujours une foi inébranlable en la bonté de Dieu, en sa sagesse et en sa puissance pour pourvoir à nos besoins, nous n'aurons ensuite aucune raison de pécher. Satan agissait selon ces principes. Entre-temps, il avait réussi à minimiser la foi d'Eve en la parole de Dieu. Il a ensuite poursuivi en minimisant sa foi en Dieu lui-même. Il termine en disant: "Mais Dieu sait que le jour où vous en mangerez, vos yeux s'ouvriront, et que vous serez comme des dieux, connaissant le bien et le mal." (Genèse 3:5)

Dans ce contexte, les paroles de Satan avaient pour but de discréditer les desseins de Dieu dans ses relations avec Adam et Eve. Elles insinuaient que Dieu était un despote arbitraire cherchant à les garder par leur ignorance dans un état d'infériorité imméritée. Nous pourrions paraphraser les récriminations de Satan contre Dieu ainsi: "Pensez-vous réellement que Dieu vous aime? Croyez-vous qu'il veut être votre ami? Non! Ne voyez-vous pas qu'il vous garde dans ce jardin afin de vous contrôler? Vous n'êtes rien de plus que des esclaves. Mais si vous mangiez de cet arbre, les choses seraient différentes. Vous n'auriez plus à dépendre de Dieu; vous seriez comme lui."

C'est la persuasion finale qui a cassé la relation d'Eve avec Dieu. Elle avait déjà perdu confiance en la parole de Dieu. Ensuite, elle a abandonné sa confiance en Dieu lui-même. Au lieu de voir autour d'elle les signes évidents de l'amour et de la bonté de Dieu qu'elle ne pouvait voir, elle a commencé à accepter l'image sombre et cynique que Satan en faisait; comme un despote arbitraire, le but était de les maintenir, elle et son mari, dans un état d'infériorité bien en dessous de leur potentiel réel. En mangeant de l'arbre défendu, leur potentiel réel d'égalité avec Dieu serait instantanément libéré! Pouvait-il y avoir une plus forte motivation que le désir d'être l'égal de Dieu?

La capitulation d'Eve nous est donnée dans Genèse 3:6: "La femme vit que l'arbre était bon à manger et agréable à la vue, et qu'il était précieux pour ouvrir l'intelligence; elle prit de son fruit, et en mangea; elle en donna aussi à son mari, qui était auprès d'elle, et il en mangea."

Le mot clé est ici "vit". "La femme **vit** que l'arbre..." Le mot indique une transition d'un domaine à un autre. A ce stade, Eve abandonne sa foi dans le royaume invisible de Dieu et de sa Parole. A la place, elle est motivée par ce qu'elle a vu. Elle commence à se fier à ses sens physiques. Elle passe du royaume de la foi à celui des sens. Dans ce royaume inférieur, l'arbre avait trois choses qui l'attirait: il était bon à manger, agréable à la vue et précieux pour ouvrir l'intelligence.

La nature de la tentation

Dans 1 Jean 2:15-16, l'apôtre énonce trois principales formes de tentation: "N'aimez point le monde, ni les choses qui sont dans le monde. Si quelqu'un aime le monde, l'amour du Père n'est point en lui; car tout ce qui est dans le monde, la convoitise de la chair, la convoitise des yeux, et l'orgueil de la vie, ne vient point du Père, mais vient du monde."

Le monde sensuel, selon la terminologie de Dieu, est fait de trois éléments qui sont la convoitise de la chair, celle des yeux et l'orgueil de la vie. Dans l'Ecriture, le mot "convoitise" désigne en général un très fort désir devenu perverti et nocif qui n'est pas soumis aux critères et à la justice de Dieu. Les deux premières formes de tentation, citées par Jean, sont des désirs de ce type qui affectent l'homme à travers ses sens physiques. La troisième forme de tentation séduit l'ego de l'homme ou son âme. "L'orgueil de la vie" est cette impulsion de l'homme qui refuse de reconnaître sa dépendance envers Dieu, et qui cherche à se glorifier lui-même. Nous le retrouvons dans des expressions telles que celles-ci: "Je peux diriger ma vie... Je n'ai pas besoin de dépendre de Dieu... Pourquoi serais-je inférieur?"

Lorsque Jésus était dans le désert, Satan l'a confronté à chacune de ces trois tentations (voir Luc 4:1-13). Il l'a tenté afin qu'il transforme les pierres en pain – la convoitise de la chair. Puis il lui a montré tous les royaumes du monde avec leur puissance et leur gloire – la convoitise des yeux. Enfin, il l'a tenté en lui disant de sauter du haut du Temple, réalisant ainsi un miracle de sa propre initiative qui l'aurait glorifié, sans se soumettre à la volonté du Père ou à chercher la gloire du Père. Cela représentait l'orgueil de la vie.

Il y a certains points de comparaison intéressants entre la tentation d'Adam et celle de Jésus (qui, dans 1 Corinthiens 15:45, est appelé "le dernier Adam"). Adam a été confronté à la tentation dans un magnifique jardin, entouré de toutes les preuves de l'amour de Dieu. Jésus a été confronté à la tentation dans un désert, sans autres compagnons que les bêtes sauvages (voir Marc 1:13). Adam a succombé à la tentation en mangeant; Jésus a vaincu la tentation en jeûnant. Les implications de cette comparaison sont profondes!

Pour en revenir à la rencontre de Satan et d'Eve, nous voyons que l'arbre lui présentait les trois formes de tentation de fond: il séduisait son appétit – la convoitise de la chair. Il séduisait ses yeux – la convoitise des yeux. Il séduisait son ego avec la promesse qu'il la rendrait sage et libre de sa dépendance envers Dieu – l'orgueil de la vie.

Dans son essence, le péché n'est pas le fait de faire quelque chose de mal; il est le désir d'être indépendant par rapport à Dieu. Lorsque ce désir apparaît en nous, il représente un danger spirituel. Dans le cas d'Eve, le moyen par lequel elle espérait acquérir son indépendance était la connaissance, celle du bien et du mal. C'est l'un des moyens par lequel les gens cherchent à être indépendants de Dieu. Ce peut être aussi par la richesse, la renommée ou la puissance. L'un des plus subtils est la religion. Nous pouvons devenir si religieux que nous n'avons plus besoin de Dieu.

Par son désir d'indépendance, Eve a passé de la confiance en la parole de Dieu à la confiance en ses propres sens. La conséquence a été qu'elle a rapidement succombé à la triple tentation de l'arbre et a partagé son fruit. Puis elle a invité son mari à faire de même et tous deux ont été séparés de Dieu à cause de leur désobéissance.

A la lumière de l'analyse précédente de Genèse 3:1-6, nous pouvons maintenant résumer la nature de la tentation. La foi dans le royaume invisible de Dieu et en sa Parole est en même temps originale et naturelle pour l'homme; l'incrédulité est pervertie et contre nature. La tentation sépare l'homme de sa foi naturelle en Dieu et en sa Parole. Au lieu de cela, elle séduit les hommes à travers ses sens physiques. A la base, chaque tentation est une tentation à l'incrédulité. La motivation qu'elle exploite est notre désir d'indépendance envers Dieu, et le résultat en est la désobéissance envers Dieu.

La foi est l'antidote

La foi œuvre exactement à l'opposé de la tentation. Elle demande à l'homme de renoncer à la fois à la confiance qu'il a en ses sens et à l'ambition de son ego pour se glorifier lui-même indépendamment de Dieu. A l'inverse, la foi réaffirme la suprématie du royaume invisible de Dieu et de sa Parole et demande à l'ego de l'homme de s'humilier et de reconnaître sa dépendance envers lui. La foi annule donc les effets de la chute de l'homme et lui ouvre la voie pour revenir à sa relation originelle avec Dieu.

Confronté aux exigences de Dieu en ce qui concerne la foi d'un côté et aux revendications de ses sens de l'autre, l'homme se trouve face à un dilemme, pris entre deux feux. Les deux forces qui s'opposent sont énoncées dans Habakuk 2:4: "Voici, son âme s'est enflée, elle n'est pas droite en lui; Mais le juste vivra par sa foi." Comme nous l'avons déjà dit, la seconde partie de ce verset est citée trois fois dans le Nouveau Testament, donnant le fondement principal de la justification par la foi, plutôt que par les œuvres. Nous ne pouvons cependant voir toute l'ampleur du dilemme que lorsque nous mettons ensemble les deux parties du verset l'une à côté de l'autre, les voyant comme opposées, chacune excluant l'autre.

Il est important de voir que la première moitié du verset décrit l'âme de l'homme en rébellion contre Dieu. La version juive dit: "Voici, son âme est enflée, elle n'est pas droite en lui." Cela correspond à ce que Jean appelle "l'orgueil de la vie". Nous pourrions paraphraser ainsi: "L'âme qui s'exalte elle-même se pervertit." L'ego de l'homme cherchant à s'élever rejette les exigences de Dieu et sa Parole, et préfère se confier en ses sens et rechercher l'indépendance envers Dieu.

La seconde moitié du verset peint l'alternative contraire. L'homme qui fait de sa foi le fondement de sa vie s'humilie devant Dieu, acceptant sa parole comme son critère et rejetant la confiance en lui-même et en ses sens. Les sens excitent l'indépendance de l'homme, l'exaltation de l'ego; mais la foi humilie l'ego de l'homme, lui disant: "Tu n'es pas indépendant. Tu dois dépendre de Dieu. Tu ne peux te confier en tes sens que s'ils sont en accord avec la parole de Dieu. Ton critère final du bien et du mal, du vrai et du faux, ce ne sont pas tes sens qui te le disent, mais c'est Dieu dans sa Parole."

La foi anéantit donc le fondement sur lequel la chute avait pris place. Celle-ci rendait l'homme captif du royaume des sens: "Eve vit que l'arbre était bon à manger..." Cela exaltait l'ego de l'homme: "Vous serez comme Dieu." Toute cette auto-exaltation doit être détruite si nous voulons vivre la vie de justice qui plaît à Dieu. Comment pouvons-nous l'annuler? Par le principe de la foi. Cette dernière rejette la domination de nos sens et l'orgueil, l'auto-exaltation de l'âme.

Dans Romains 3:27, Paul fait remarquer que la véritable foi est incompatible avec l'orgueil: "Où donc est le sujet de se glorifier? Il est exclu. Par quelle loi? Par la loi des œuvres? Non, mais par la loi de la foi." Tout sentiment religieux, ou activité qui laisse la place l'exaltation et l'indépendance de l'ego de l'homme, n'est pas l'expression d'une foi valable, ni biblique.

Il y a deux façons de vivre. L'une par laquelle l'homme refuse sa dépendance envers Dieu, mais se confie en lui-même et en ses sens. L'autre par laquelle l'homme renonce à se confier en lui-même et en ses sens, mais se confie en ce que ses sens ne peuvent comprendre – Dieu et sa Parole. En nous détournant du moi et du royaume des sens, la foi nous ramène au principe de la justice fondée sur la confiance en Dieu et en sa Parole qui, seule, nous permet de vivre une vie qui plaît à Dieu.

La foi est l'antidote de la chute.

Résumé

La foi fait partie de la nature éternelle de Dieu. A travers sa parole, prononcée avec foi, il a créé tout l'univers. Par sa nature semblable à Dieu, l'homme partage trois aspects de la nature divine: la capacité à exercer la foi, la parole et sa capacité de création.

Ayant créé l'homme avec la capacité d'exercer la foi, Dieu l'a placé dans une situation où il avait besoin de le faire. Adam, dans le jardin, n'a pas continué à se confier en Dieu en tant que personne; au lieu de cela, il s'est confié en Dieu à travers la parole que celui-ci lui avait donnée – les trois paroles de permission, interdiction et avertissement.

Pour séparer Adam de Dieu, Satan s'est approché de lui indirectement par "son point faible", Eve. Il a commencé par miner la confiance que celle-ci avait en la parole de Dieu en la remettant en question, puis en la contestant. Il a ensuite continué en suggérant qu'elle et son mari n'avaient pas à rester dans un état d'infériorité, et qu'ils pouvaient égaler Dieu en acquérant la connaissance du bien et du mal. Ce désir d'indépendance envers Dieu est la motivation profonde qui conduit au péché.

En ce sens, il a persuadé Eve de renoncer à la confiance qu'elle avait dans le royaume invisible de Dieu et de sa Parole. Elle est descendue dans le royaume des sens. L'arbre interdit l'a confrontée avec les trois formes de tentation de fond: la convoitise de la chair, la convoitise des yeux et l'orgueil de la vie. Dans le royaume inférieur des sens, Eve n'était plus capable de résister à l'attrait de l'arbre, et elle a succombé à la tentation et entraîné son mari à faire de même.

La foi renverse ce processus de tentation conduisant à la chute de l'homme. Elle exige de ce dernier qu'il renonce à la confiance qu'il a dans ses sens et à son désir de se glorifier lui-même ainsi que son ego pour parvenir à l'indépendance vis-à-vis de Dieu, et qu'il réaffirme sa confiance unique et absolue dans le royaume invisible de Dieu et en sa Parole. La destinée de l'homme est déterminée par sa réponse aux exigences de la foi.

* * * * * * *

TABLE DES MATIERES

Cessez de vous trouver des excuses et faîtes en sorte que votre désir d'étudier la parole de Dieu devienne une réalité !

Cours biblique par correspondance: 'Les fondations chrétiennes'

par Derek Prince

La plupart des chrétiens ont un désir sincère d'une meilleure connaissance de la Bible. Ils savent qu'une étude suivie et approfondie de la parole de Dieu est indispensable pour mûrir et vivre une vie chrétienne efficace. Malheureusement, la plupart manquent aussi de discipline, de direction et de motivation pour réussir une telle étude. Par conséquent, ils passent à coté des nombreux avantages obtenus par la connaissance et l'application de la Parole. Afin de fournir une direction et une discipline systématique dans l'étude de la Bible, Derek Prince a développé le cours par correspondance 'Les fondations chrétiennes'. Cette étude par correspondance vous permet de travailler à votre propre rythme, tout en offrant l'avantage d'un contact direct avec un coordinateur biblique qui peut vous fournir une direction ou de l'aide. Le cours est conçu autour de techniques d'enseignements établies et efficaces et est méthodique, avec des fondements bibliques et pratiques. Si vous souhaitez obtenir une brochure gratuit vous donnant plus d'informations sur le cours et comment vous inscrire (Europe et DOM/TOM seulement), merci de contacter:

Derek Prince Ministries France, B.P 31, 34210 Olonzac
Tel 04 68 91 38 72, fax 04 68 91 38 63
Email: catherine@derekprince.fr